校长有话说

——唤醒心灵的治校之路

张宝民　著

山东大学出版社
SHANDONG UNIVERSITY PRESS
·济南·

图书在版编目(CIP)数据

校长有话说:唤醒心灵的治校之路 / 张宝民著. —
济南:山东大学出版社,2023.5
ISBN 978-7-5607-7833-4
Ⅰ.①校… Ⅱ.①张… Ⅲ.①高中—学校管理—研究
—中国 Ⅳ.①G637

中国国家版本馆CIP数据核字(2023)第077271号

责任编辑 邵淑君
封面设计 蓝海文化

校长有话说
XIAOZHANG YOU HUA SHUO

出版发行 山东大学出版社
社　　址 山东省济南市山大南路20号
邮政编码 250100
发行热线 (0531)88363008
经　　销 新华书店
印　　刷 济南华林彩印有限公司
规　　格 720毫米×1020毫米 1/16
　　　　　17.5印张 235千字
版　　次 2023年5月第1版
印　　次 2023年5月第1次印刷
定　　价 65.00元

学生“增值”、家长惊喜的育人智慧之声（代序）

说起高中，人们会想到一中、二中、实验中学或高校附中，好像孩子只有进入这些学校才能实现家长望子成龙的梦想。在人们的印象里，综合高中是不能实现学生成才梦想的，也无法满足家长对孩子上“像样”的大学的期待。

张宝民校长心中有一种宝贵的人民情怀，近三四年的校长工作实践正是他抒发这种情怀的过程。2018年暑假的一天，下午六点，禹城市委组织部领导、教体局领导在禹城市综合高中学校中层以上干部会议上宣布：任命张宝民为该校校长。如今，有的家长和学校老师回忆说：正是那个傍晚，给没有自信的孩子和这所学校带来了信心和惊喜，开启了学校在全市十几个县（市、区）高中教育教学“领跑”“逆袭”和“超越”的阶段。“领跑”是说高三毕业生本科上线率维持在七成，连续四年领跑德州全市十几个县（市、区）普通高中的教育教学。“逆袭”是指大量原来没有希望“升本”的学生成功考入了本科院校。“超越”是说为学生搭建成才的“立交桥”，因材施教，鼓励学生个性化发展，大批学生通过“换道”实现“超车”——进入了原来不敢梦想的高校。

张宝民校长回想那个傍晚，由于没有思想准备，当时他虽然有一种被组织“赶鸭子上架”的感觉，但是他更有一种使命感，心中多年积淀的育人情怀就像种子遇到了甘霖，开始释放张力：既然接了这个差，就不能认怂，必须表现出一个校长的信心与担当。于是，让每一位学生“增值”,实现成才梦,给家长们希望和惊喜,成了张宝民校长的办学标杆。

张宝民是山东省教育科学研究院(简称“教科院”)2018年度的访问学者。他当过乡村中学教师,当过市(县)教育局副局长。来访学时,他还在教育局领导岗位上,其好学精神可见一斑。在教育名著研讨课上,他给我的印象是:话不多,但眼睛亮亮的,谈论问题时总是聚焦关键问题,能够基于教育教学实践思维论述学习体会。2021年年底,我着实收到了一个新年的“惊喜”:他将任职校长三四年的讲话集《校长有话说》发给了我,让我给他作点评。

因传达上级精神、总结工作或布置工作的需要,校长要经常讲话,可我对于这些讲话稿能作出什么点评呢?大致阅读了这部讲话集后,我注意到他把每篇讲话称作“说话”,前面加上了说这些话的“场景”。了解了“场景”再阅读下面的“说话”,我内心有一种欣喜,感到张宝民校长这是想考一考我的眼光——他是在用讲话的形式抒发自己对教育教学的理解,是在用符合教育教学的实践逻辑传达自己的办学思想,是在用浓浓的人民情感提升教师的育人情怀。这种对教育教学的“理解”“思想”“情怀”的表达,没有空话、套话和大话。我从中看到了学以致用的育人实践思考与智慧,这是值得从学术角度研究和评论的。但是,我感觉如果能够将说话者在“说话”之前的思考和“说话”之后的反思呈现在每一篇讲话之后,要比单纯的学术性评论更有启发与借鉴意义。于是,我建议张宝民校长将这部讲话集分成场景、讲话与反思三部分,这将是一部与众不同的校长办学思想与实践论著。半年后,他又将加上“心路”的讲话集发给了我,于是就有了呈现在大家面前的这部著作。张宝民校长说,“心路”是他对工作和讲话的反思与阐释。写“心路”是颇受折磨的,将自己的想法与做法解释清楚非常不容易,他感觉自己又提升了一个境界。

孔子曰:“圣则吾不能,我学不厌而教不倦也。”《校长有话说》这本书与其他著作不同,其中的字字句句没有以引用他人的观点或名言为重,而是张宝民校长面对具体的教育教学问题或情境给出自己的想法,提出自己对具体方案的思考,表明自己的教育情怀。

《校长有话说》是张宝民校长多年来对学习活动和教育实践的反思,其真实情境和真实情感给了我莫大的启发与反思:我们教育教学研究与科研课题要基于"扎根中国大地办教育"的理念,从服务于实践的逻辑研究生动的教育教学实践,不是拿着所谓新潮的、先进的理论去覆盖现实的实践,而是将教育理论化为教育实践的铺路石,去解释和提炼自己的教育教学智慧与理论。我不想用太多理论点评这些"说话"和"心路",有机会要仔细研究张宝民校长教育教学实践的过程,寻求我们自己高中教育教学的实践与理论逻辑体系。

我相信这本书的出版必会为我国高中教育教学的理论与实践提供宝贵的启发与借鉴。我还相信张宝民校长的成果会为研究中国教育现象学的学者提供难得的"在场者"自述式个案和高中教育教学现象学的研究资源,从而为丰富具有中国特色的基础教育教学理论作出不可低估的贡献。

山东省教育科学研究院副院长、山东省教育学会秘书长　李文军

2022年8月15日于济南舜风苑

目　录

第一学年：高中一年级校长说的话

第二学年：高中二年级校长说的话

第三学年:高中三年级校长说的话

第一学年

高中一年级校长说的话

初任校长，毫无经验，生怕出错，一切都在摸索之中。所以抱着战战兢兢、如履薄冰、如临深渊的心态，说话、办事都特别用心。

场景一

赶鸭上架，要说充满信心的担当话

场景

2018年7月25日，我被任命为禹城市综合高中（以下简称“综合高中”）校长。下午六点，在禹城市综合高中会议室宣布任命，禹城市委组织部领导、教体局领导和学校中层以上干部参加。虽然是被“赶鸭上架”，但是我既然接了这个差，就不能认怂，必须表现出一个校长的信心与担当。

说话

首先，非常感谢市委、市政府、市委组织部、市教育局党委和各位领导对我的信任，我一定不负重托、不辱使命、全力以赴，全心全意把综合高中的各项工作做好。

其次，我非常荣幸进入综合高中这个非常具有群众口碑的学校，非常高兴加入综合高中这个坚强有力的团队，非常愿意和综合高中的干部、老师们一起共事。我将和大家同心同德，努力把综合高中维护好、发展好。

最后，在今后的工作中，我将不忘教书育人这个初心，牢记立德树人这个使命，立足综合高中的办学定位和发展目标，继承综合高中严谨、务实的光荣传统，发扬综合高中逆境图强的奋斗精神，团结带领全体教职员工，进一步优化管理，做到严格、规范、有品位；进一步优化教学，做到务实、高效、有创新；进一步优化质量，做到稳步提升、有突破；进一步优化作风，做到廉洁、担当、有作为。

总之，我们要以一流的教育质量、一流的办学效益、一流的群众口碑回报各级领导的重托、社会各界的支持、莘莘学子的梦想、全市人民的期望。

心 路

之所以说“赶鸭上架”，有三个原因。一是被领导“威逼利诱”。我当时在县教育局当副局长，农村老百姓出身，家庭一穷二白，没有任何背景，能走到这个地步，感觉相当知足，况且在这个位置干活也很好。对于出去当校长，还是去有好几千人的高中当校长，我压根儿一点想法也没有。但经过局长和其他领导的“谆谆教诲”，搞得自己“头脑发热”，接了这个“烫手的山芋”。二是管学校“本领恐慌”。我中师毕业后，一头扎到最偏远乡镇的一所初中学校，当过老师、班主任、教研组长，连中层干部都不是，更别说是校级领导。后来到教育局工作，干过科员、科室主任、工会主席、副局长，也都是打工扛活的差事，根本没有“主政一方”的经历和经验，冷不丁去担任校长，还是大学校的校长，的的确确心里没底。三是把自己“逼上梁山”。我1969年出生，1989年参加工作，在基层学校和教育局机关摸爬滚打近30年，按照教龄政策，都可以办理退休了。49周岁的“高龄”已经不是激情澎湃的青春岁月了，再出去“闯荡”，有点把自己“逼上梁山”的意味。

宣布任命是非常重要的场合。新官上任,面对的既有部领导、局领导,也有将来的同事,表态是免不了的。我说了三层意思:一是感恩,表示对领导的感谢,表达干好工作的决心;二是融入,表示对学校和同事的认同,表达和大家共事的意愿;三是打底,就是大体说说自己想怎么干,先给全体干部打个底。这个“底”要有高度、有立场,我说了“不忘教书育人这个初心,牢记立德树人这个使命,立足综合高中的办学定位和发展目标”三句话;要有深度、有承启,我说了“继承综合高中严谨、务实的光荣传统,发扬综合高中逆境图强的奋斗精神”两句话;要有宽度、有新意,我说了管理、教学、质量、作风四个“进一步优化”。对于学校来说,管理是动力,教学是核心,质量是生命,作风是基础。作为校长,要抓的就是这“四梁八柱”。“进一步优化”的意思就是原先做得不错,属于“百尺竿头”,今后要做得更好,必须“更进一步”。最后描绘了愿景,说了创造三个“一流”,即一流的教育质量、一流的办学效益、一流的群众口碑。实现四个“回报”,即回报各级领导的重托、社会各界的支持、莘莘学子的梦想、全市人民的期望。这些话既与党和国家对教育、对学校的要求一致,也与学校的办学目的、发展目标相一致。

场景二

初会战友，要说安定军心的诚心话

场景

2018年7月27日，在学校小会议室召开第一次校委会，全体校级干部和部分中层干部参加。这是我主持召开的第一次校委会。初次正式见面，第一印象很重要，第一次讲话也很重要。要肯定大家的付出和学校的成绩，要交代清楚自己为什么来、想怎么干，要安定军心。

说话

今天我是以新的身份和大家见面。我非常高兴加入综合高中这个团队，今后，大家就是一个战壕的战友了，就是一家人了，请大家多支持、多帮助、多指导、多交流。

首先，我想向大家致以敬意。多年来，大家为综合高中付出了辛勤的汗水和无数心血，正是因为大家齐心协力、共同努力、干事创业，才有了综合高中现在的大好局面,发展成就有目共睹,发展成果有口皆碑。这样的大好局面来之不易,更不准在我们手上失去。我们一定要珍惜再珍惜,一定要千方百计把它继承好、保持好、发展好!

其次,我想跟大家交交心。在座大多数可能认识我,我跟在座大多数不认识,或者不熟悉、不了解。我想跟大家交交心。

就这次职务任命:说实话,我来综合高中纯粹是组织任命、领导信任,是组织部和局党委的安排。我本人既没有主动要求,也没有积极争取,更没有做那些大家认为的“跑啊”“送啊”的事!我是怎么想的呢?我在教育局当副职管业务,上班有事安排一下,没事看看书,下班和朋友聊个天、打个牌,工作轻松、生活惬意,干吗要去操心受累?说实话,我是真的没想法,也是真的没想到。但是,既然领导信任让我干,我就尽心尽力、尽职尽责、全力以赴地把工作做好。

就我本人的性格:我直接跟大家交底,大家以后也不用猜了。我这人的性格比较“直”,喜欢直来直去,不喜欢拐弯抹角,更不喜欢钩心斗角。所以大家以后跟我交往不用遮遮掩掩,不用躲躲藏藏,直截了当,有什么说什么,有事直接说在当面,千万别让我猜闷儿,我恐怕猜不到,误了你的事。再就是我这人比较“板”,工作喜欢按有关政策来,喜欢按既定方案来,喜欢照章办事,有时候可能不近人情。希望大家不要拿那些违背原则、违背政策、违背学校利益和他人利益的事来找我,我怕到时候给你没脸,都不好看。给你办吧我犯错误,不给你办吧得罪你,闹得都很作难。所以,大家还是都自觉点好。

就工作完成方面:我因为长期在机关工作,养成了工作站位高、工作标准高、工作要求高的习惯。工作站位高就是不管什么工作,我习惯站在全局高度、政策高度、发展高度去思考、去衡量,正所谓“不谋全局者,不足谋一域”。工作标准高就是不管什么工作,都要把目标定到最高,成绩要最好、效果要最好,正所谓“取乎其上,得乎其中;取乎其中,得乎其下”。工作要求高就是不管哪项工作,都要精益求精、尽善尽美,正所谓“态度决定一切,细节决定成败”。所以,今后大家要进一步提高工作站位、提高工作标准、提高工作要求，凡事要事先想周密、想周全，制定完美的方案；事中要高标准、严要求，把工作抓紧、抓实、抓到位；事后要善总结、勤归档，总结经验教训，积累工作成果，养成良好的工作习惯。

最后，我想跟大家说三句话。

第一句话：我想咱们学校目前保持三个不变。一是学校严谨、务实、奋进图强的优良作风和光荣传统不变，二是学校严格规范、成熟高效的管理体制和工作措施不变，三是学校扎实有效、因材施教的教学策略和激励措施不变。三足鼎立，让学校保持稳定发展。

第二句话：我想请大家思考三个方面的问题。一是根据当前的教育发展政策和发展形势，我们学校的发展应该如何定位？二是根据我们学校的发展现状，我们有哪些成功经验需要继续发扬，还有哪些问题亟待解决？三是结合政策要求、结合学校现状、结合本职岗位，如何使自己的工作更有效果、更有特点、更有成绩？

第三句话：我想请大家提出三个方面的建议。请大家立足本职岗位，面向学校整体工作，在深入思考的基础上，一是提出如何优化管理的建议，让我们齐心协力把学校管得更好；二是如何优化教学的建议，让我们群策群力把教学搞得更好；三是如何优化校园生活的建议，让我们同心同力把日子过得更好。学校是我家，维护靠大家！家和万事兴，家不和外人欺！我们的目标是大家一起努力，把咱自己的学校办得更好！

心路

综合高中的议事决策机构是学校事务领导决策委员会（以下简称“校委会”）。成员由全体校级干部、六个级部主任和教务处、政教处、办公室等几个重点科室主任组成。这种机构的先进性在于校级、年级、后勤上下左右前后一气贯通，大大增加了决策的科学性和落实的时效性。

人事,人事,人在事前。管理之要,首在管人。校委会成员可以说是"关键少数"当中的"关键少数",这些人的思想是否统一、认识是否一致、态度是否积极,直接决定着学校决策是否能够贯彻到底、工作是否能够执行到位。

因此,对于如何开好这一次会议,我颇费了一番脑筋。事先请教了几个关系不错的校长,他们都说不要急于出新招,一切先按原先的政策运行,等把情况摸透了再说。这应该是经验之谈,也是肺腑之言。不过我依然一头雾水。既然学不来别人的"套路",就按自己的"套路"来。我想,如果一切照旧,那要我这个新校长干什么?俗话说,良好的开端是成功的一半。开头如果打不好底,以后想再调整就会很困难。开好头、起好步非常关键,有些事必须要事先交交底,点到即止,让大家心中有数。

实际上我跟大家交了五个方面的底。一是表明身份,我和大家是一家人,是一个战壕的战友,拉近彼此的心理距离。二是表明看法,对学校的发展成果、大家的工作表现给予高度评价,最后落脚到要珍惜、要保持、要发展。三是表明态度,虽然不是自己拱着非要当这个官,但是既然干了就要干好。四是表明性格,亮明自己的"直板"性格,为今后打交道定下基调。五是表明尺度,就是工作站位、工作标准、工作要求等要提高。

然后就是凝心聚力,通过"三不变"让大家安心,各安其位、各负其责;通过"三思考"让大家收心,聚焦问题想办法,立足实际谋发展;通过"三建议"让大家齐心,管好学校、教好学生、过好日子。

先交底,后交心,一番话讲完,让大家初步知道该怎么想、怎么处、怎么走、怎么干。

校长的管理主要体现在对干部的管理。学校干部有三个层次。第一层是议事决策层,由校级干部(有的吸收一部分中层干部)组成,其主要承担议事决策、把关定位的任务,是作决策的核心成员,最忌讳的就是“拍脑袋”决策。第二层是贯彻执行层，由中层干部组成，其主要承担上传下达、贯彻执行的任务，是决策能否下达基层的关键，最忌讳的问题就是“中梗阻”。第三层是一线落实层，由班主任、学科主任、备课组长组成，其主要承担一线指挥、冲锋陷阵的任务，是决策能否落实到位的实际决定者，最忌讳的问题就是“两张皮”。

校委会成员属于第一层，我作为校长，管的主要也是这一层。因此，如何让这一层干部收心归位，把这一层干部配齐、配强，是校长首先要考虑也是首先要做好的。

场景三

“面见公婆”，要说敞开心扉的心里话

场景

2018年8月29日，学校召开新学年开学前的第一次全体教职工大会，部署新学年的学校管理和教育教学工作。我第一次在全体教职工面前亮相，第一印象非常重要，尽管事先作了充分准备，讲话稿是自己一个字一个字敲出来的，但是心里难免忐忑。事到临头，“丑媳妇总要见公婆”，豁出去了！

说 话

今天是我第一次和全体教职工见面，我感到非常高兴。今天我讲话的题目是“认清形势，坚定信念，谋划新发展；树立信心，下定决心，整装再出发”。

在正式讲话之前，首先，请允许我向大家致以崇高的敬意！（鞠躬）综合高中有今天的发展局面，是××校长、××校长、××校长等历任校长和全体干部、教师、职工共同努力、共同奋斗、共同拼搏的结果。尤其是近年来，大家在××校长的带领下，发扬严谨务实的工作作风，弘扬逆境图强的奋斗精神，综合高中不断取得新的成绩，学校发展踏上了新的台阶，今年高考更是创造了新的历史纪录。一个孩子代表一个家庭，我们每培养一个孩子成才，就带给一个家庭莫大的希望，带给一个孩子美好的前程。作为教师，这既是我们的责任，也是我们的骄傲。因此，我要郑重向大家表示敬意！

作为新任校长，大家可能都想了解我。借此机会，我首先介绍一下我自己，跟大家交交底、交交心。

我的工作经历：

我来这之前的工作经历大体分为两段，我在基层学校工作10年，在教育局工作近20年。我1989年中师毕业，被分配到李屯乡中学。一上班，就担任一个班的班主任和语文课、两个班的政治课和音乐课，后来又担任语文教研组组长。在李屯乡中学教师岗位上一干就是8年，多次代表学校接受乡教研室和县教研室的听课。这期间获得过7项县级以上的荣誉，分别是禹城市优秀教师、禹城市骨干教师、禹城市十佳语文教师(第一名)、禹城市优秀教研组长、德州市教学能手(第四名)、山东省农业普查工作先进个人、全国目标教学研讨课和论文一等奖。1997年，通过现场写作面试，被选调进入禹城一中，担任文字秘书，负责材料宣传。1998年冬天，荣获学校职员工作考核一等奖。

1999年2月，我被调到教育局政研室，开始了20年的局机关生活。我在政研室负责材料宣传，在普通职员岗位一干就是10年。加了很多很多班，熬了很多很多夜，材料积累得越来越多，头发却熬得越来越少。但是，这10年的冷板凳也不是白坐的，我取得了三项第一：材料写得最多，应该是同时期第一；稿件发表得最多，也是同时期第一；禹城教育局的信息宣传工作在德州各县(市、区)也是连续多年排名第一。2009年2月，我被直接任命为教育局办公室主任，后来又被禹城市委任命为工会主席、党委委员、副局长。办公室主任我干了

7年;工会主席我干了4年;党委委员、副局长我干了5年,先后分管办公室、政研室、人事科、勤俭办、服装厂、督导室、教研室、教科所、师训办、师德办、语委办、体卫艺等科室。2009年以来,我先后被评为禹城市优秀共产党员,禹城市抗洪救灾工作先进个人;德州市教育系统办公室工作先进个人,德州市教育宣传工作先进个人;山东省教育系统办公室工作先进个人。德州市教育局唯一一次在我市召开教育系统办公室工作现场会,我在会上作了典型发言。因为工会工作突出,我先后被评为禹城市、德州市、山东省工会工作先进个人。我市的师德建设经验成为德州市的典型样本之一,我本人被聘为德州市师德建设专家库成员。我分管教学业务工作,起草了教研室工作规程,制定了全市各学段教学工作指导思想、基本思路和工作重点,为全市教育教学发展搭建起了"四梁八柱",夯实了发展基础。2018年4月23日,在齐鲁中学举行了教育城乡一体发展重点工程现场启动仪式,德州教育局分管教学的莫局长、教科院陈院长亲临现场,对我市的做法给予高度肯定。更为幸运的是,今年禹城高考重点和普本上线双双获得县(市、区)第一。我说这些不是为了显摆什么,也没有显摆的必要,而是为了让大家了解我这个人,我是怎么干工作的,工作干得怎么样。

我的性格特点:

直接说说我的性格脾气,让大家了解,好配合工作。我的性格特点是比较"直板"。"直"的表现是喜欢直来直去,不喜欢拐弯抹角,更不喜欢钩心斗角。希望大家跟我交往不用遮遮掩掩,不用躲躲藏藏,直截了当,有什么说什么,有事直接说在当面,千万别让我猜闷儿,我要是猜不到,会误了你的事。"板"的表现是工作喜欢按政策规定来、按既定方案来,习惯照章办事,有时候可能不近人情。希望大家不要拿那些违背原则、违背政策、违背章程、违背学校利益和他人利益的事来找我。给你办吧,我犯错误,不给你办吧,得罪你,显得都不好看。所以,大家还是互相体谅、互相理解、互相自觉一点比较好。

我的工作特点：

我因为长期在机关工作，所以养成了工作站位高、工作标准高、工作要求高、工作效率高的习惯。工作站位高就是不管什么工作，我习惯站在全局高度、政策高度、发展高度去思考、去衡量，正所谓“不谋全局者，不足谋一域”。工作标准高就是不管什么工作，都要把目标定到最高，成绩要最好、效果要最好、荣誉要最高，正所谓“取乎其上，得乎其中；取乎其中，得乎其下；取乎其下，则无所得矣”。工作要求高就是不管哪项工作，都要尽职尽责、尽心尽力，力求尽善尽美、精益求精，正所谓“态度决定一切，细节决定成败”。工作效率高就是工作有预见性，什么时候干什么事，做到心里有数，提前做好准备，事来了之后紧忙活，今天能完成的事尽量不推到明天，正所谓“凡事预则立，不预则废”，凡事领先一步则步步领先。希望大家今后在工作中要进一步提高工作站位、提高工作标准、提高工作要求、提高工作效率。干任何工作事先要想周密、谋周全，制定完美的方案；事中要高标准、严要求，把工作抓紧、抓实、抓到位；事后要善总结、勤归档，养成良好的习惯。只要事先、事中、事后都完美，事情的结局就会比较完美。

现在，说说我的工作设想。这是我最近一直在思考的问题，不一定很成熟，与大家共同交流。

我的教育理念：

可以用两个字来概括，一个是“和”，另一个是“美”。

“和”的思想有三层含义：

第一层含义是“和衷共济”。“和”是中华传统文化最精髓的部分之一。“和衷共济”的意思是大家乘坐在一条船上，朝着一个方向和目标前进，同心协力克服困难、渡过江河，到达成功的理想彼岸。我希望和全体干部、教师一起，当好舵手和水手，共同撑起综合高中这艘大船，迎风破浪、奋勇前进。

第二层含义是“和而不同”。意思是大家要和睦相处，有了问题应该在相互争论辩证中达成共识。对学校发展而言，我希望全体干部、教师各司其职、各安其位，在学校发展的共同愿景之下互相理解、包容，在各自不同的岗位上充分发挥出自己应有的作用，推动学校各项工作朝着一个共同的目标前进。

第三层含义是“和谐共生”。“和谐”是不同事物之间相同相成、相辅相成、相反相成、互助合作、互利互惠、互促互补、共同发展的关系。“共生”是指两种生物之间，一方为另一方提供有利于生存的帮助，同时也获得对方的帮助，从而形成的紧密互利关系。对学校发展而言，我希望全体教职员工能够像兄弟姐妹一样和谐相处，共建共享、共存共生、共兴共荣，共同营造和谐的发展环境，共同享受美好的发展成果。

“美”的思想也有三层含义：

第一层含义是“各美其美”。“各美其美”的原意是要尊重文化多样性，首先要尊重自己民族的文化，培育好、发展好本民族文化。就学校发展而言，“各美其美”就是每一名教职员工、每一名学生都要在学校统一发展的目标和前提下，建设属于自己的美，发现属于自己的美，做最美的自己，夯实自己生存与发展的内在根基。

第二层含义是“美人之美”。“美人之美”的原意是要尊重其他民族文化。在文化交流中，要尊重差异、理解个性、和睦相处，共同促进世界文化的繁荣。就学校发展而言，“美人之美”就是我们要尊重每一名教职员工、每一名学生的个性差异、角色差异，人与人之间要互相尊重、互相理解、互相包容，互相发现对方的美、互相成就对方的美、互相欣赏对方的美，夯实自己生存与发展的外部根基。

第三层含义是“美美与共”。“美美与共”的原意是指各民族文化都以其鲜明的民族特色丰富了世界文化，共同推动了人类文明的发展和繁荣。只有保持世界文化的多样性，世界才更加丰富多彩，充满生机和活力。就学校发展而言，“美美与共”就是每一名教职员工和学生都以其鲜明的发展特色丰富学校的发展特色，都以其突出的发展成就丰富学校的发展成就，共同推动学校发展和繁荣。我们首先是发现自身之美，其次是发现、欣赏他人之美，再次是相互欣赏、赞美，最后达到一致和融合。这样我们的学校才能和谐发展。

“和”与“美”的思想加在一起，构成了“和美”教育理念。我现在提出来，希望和大家共同进行探索、挖掘、总结、丰富、完善，最终能够在推进学校发展的实践中结出硕果。

我的工作定位：

以党的十九大精神和各级党政、教育主管部门的工作要求为指导，以全面贯彻党的教育方针、扎实完成立德树人根本任务为指引，以国家教育发展政策和先进地区办学成功经验为指向，瞄准“领跑普通高中、比肩重点高中、创办现代优质高中”的奋斗目标，立足普通高中的发展实际，立足禹城高考辅助阵地的发展定位，团结带领全体教职员工，继承发扬严谨、务实和逆境图强的光荣传统，进一步优化学校管理，在严格规范的基础上培育新特色；进一步优化课堂教学，在务实高效的基础上探索新路径；进一步优化育人质量，在稳步提升的基础上追求新突破。通过管理升级、教学升级、质量升级、服务升级，促进学校各项工作全面提档升级，全力打造特色鲜明、质量高的现代优质高中，着力探索“和谐共生、美美与共”的“和美”教育新境界，在继续夯实学校农业化发展1.0(学生自然成长)、工业化发展2.0(学生标准成长)的成果的基础上，推动学校迈入科学发展、绿色发展、和谐发展的现代化发展3.0(学生和谐成长)新时代。

我的工作思路：

可以概括为“12345”。

“1”就是一个目标：办和美教育、育时代英才。“和美”教育的内涵前面已经说过，不再赘述。育时代英才，就是要培养具有国际视野、国家认同、民族自信、社会责任，具有适应社会发展、时代要求的品质和本领的人才。

“2”就是两个弘扬：一是弘扬严谨、务实的优良传统，二是弘扬逆境图强的奋斗精神。这是我们综合高中多年来形成的精神内核、文化内核、风格内核,必须要加以传承和弘扬。

“3”就是三个优化:

一是让教学质量成为教学过程优化的自然结果。教学过程的环节无非就是课前备课、课中上课、课后作业辅导检测,把教学的各个环节都优化了,教学质量自然就会得到优化、提升。

二是让优质教学成为教师素养提升的自然结果。教学的主要操作者是教师,只要教师的学科素养、教学能力、教学水平得到提升,教学自然会得到优化、提升。

三是让良性发展成为管理过程优化的自然结果。管理过程和教学过程类似,教学的核心是上课,管理的核心是决策和办事。决策讲民主,办事讲规范。管理过程优化就是把事前、事中、事后的各个环节都加以规范、优化和完善,如此必然能提高办事效率,推动工作良性发展。

“4”就是四个围绕:

一是围绕素养抓质量。这个素养就是国家提出的中国学生核心素养。在实际教学中,必须围绕发展学生的核心素养来组织开展教育教学活动,往小处说,这样才能适应高考要求,往大处说,这样才能培养出适应时代发展的合格人才。

二是围绕教学抓管理。学校的核心是教学。学校管理的一切策略、谋划和行为措施必须以优化教学、服务教学、提高质量为出发点和落脚点。这样才能脉络清晰、纲举目张。

三是围绕师生抓服务。教学是核心,而教学的两个行为主体就是教师和学生。因此,学校必须调动所有人力、财力、物力资源,服务教师教学,服务学生成长。

四是围绕品牌抓特色。我认为,学校的办学特色是由干部的管理特色、教师的教学特色、学生的成长特色组成的。必须经过干部、教师、学生在工作和学习实践中积极探索,形成了经验、取得了成果、得到了认可,并且在学校或者更高层次、更大范围内产生了影响,成为其他学校认识我们学校的品牌标识，才能成为学校的特色。因此，我们在工作中要立足本职岗位，打造自己的独特品牌，形成自己的工作特色，开创百花齐放花魁显、千山竞秀高峰出的良好局面。这样，我们学校才能形成鲜明的办学特色。

“5”就是五个重点：管理优化、教学优化、教师成长、学生成长、幸福校园。

管理优化主要抓好四个方面：

一要完善工作规程。就是在具体工作中，必须要严格执行政策，依法、依纪、依规办事。必须要修正制度，保证公平公正、科学合理、奖优励优，体现制度的强制性和导向性。必须要完善程序，主要是规范领导决策程序、工作运行程序、监督检查程序、财务报销程序等，通过完善程序来保证管理效果。

二要提升工作标准。前面已经讲过了，就是在工作过程中，大家一定要做到工作站位高、工作标准高、工作要求高，才能真正把工作干好。我来了之后经常说三句话。第一句：干好事、不出事；第二句：成绩只能上、不能下；第三句：发展没有最好、只有更好。我看可以把这三句话当作今后的发展口号。

三要提高工作效能。就是在工作落实过程中，必须讲究速度，做到立说立行、即知即改、马上就办。必须讲究效度，做到限时办结，一次办好，不留尾巴。必须讲究力度，做到纵到底、横到边、全部到位。

四要规避工作风险。就是在具体工作中，必须要堵塞漏洞，扎好篱笆墙，杜绝跑冒滴漏，不给任何人犯错误的机会。必须要以预防为主，规矩立在事前、责任定在事前、警钟敲在事前，建好防火墙。必须要保护干部，因为现在的形势跟从前不一样了，大家必须要时刻保持既要干好事又要不出事的思想。

管理优化工作主要由办公室牵头，年级处室分头落实。

教学优化主要抓好四个方面：

一是积极推行集体备课。备好课是上好课的前提。据了解，我校目前的备课情况基本上就是单打独斗,老师们普遍不写教案,直接用导学案来教学。这样会造成课标研究不够、教材挖掘不够、教法设计不够,课堂教学的随意性很强,效率不高。因此,从优化教学过程的角度出发,必须从备课环节抓起,抓好集体备课,凝聚集体智慧,提高备课水平。

二是探索"五点"创新课堂。"五点"就是把知识点具体细分为重点、难点、疑点、错点、考点。创新就是针对上述五点,从教法、学法、练法、想法上积极尝试进行创新。通过建立"五点"创新课堂,力求进一步提高课堂教学效率。

三是探索分层作业和边缘生辅导。这是优化教学的一个重要环节,尤其是像我们学校的生源状况,不实施分层教学不行,不注重转差促优不行,这也是提高课堂效率的有效手段。

四是探索信息技术与教学相融合。关于学习效率的金字塔理论早已被验证,其基本原理就是学生通过听讲方式学习效率最低,通过形象化教学方式学习效率中等,通过实验操作或者实际运用方式学习效率最高。而我们目前除个别教师外,大部分教师的主流教学方式还是讲练模式,属于效率最低的一种。那么我们就应该在理论的指导下,积极尝试改变教学方式方法,进一步提高课堂效率。而信息技术融合教学就是当今最流行的教学方式,我们必须大力推广,重新建构课堂生态,丰富学生的学习途径,提高学习效率。

教学优化工作主要由教科所负责抓好落实。

教师成长主要抓好四个方面:

一是自己学。通过开展教师读书活动,不断吸收先进经验,增加理论知识,提高学科素养。通过开展教学反思活动,不断改进教学方式,丰富教学方法,提高教学艺术。

二是互相学。通过开展集体备课、听课评课、"五点"创新课堂展示活动,促进老师之间互相学习交流、互相借鉴提高。

三是跟人学。通过组织外出参加高端培训、邀请专家作专题报告、邀请名师上示范课等活动，促进老师们向专家学、向名师学，下棋找高手、弄斧到班门。

四是研中学。通过把自己的工作特长、工作兴趣、工作偏好确定为研究课题，就某一点、某一方面、某一领域进行深入研究，在研究中学习、在学习中研究，促进专家型教师成长。

教师成长工作主要由学科委负责抓好落实。

学生成长主要抓好四个方面：

一是立德立行。“立德”就是通过加强思想道德教育，让学生继承传统美德，具备“君子品格”和“淑女风范”。践行核心价值，涵养科学精神和人文情怀。“立行”就是通过德育活动培养学生良好的思考习惯、学习习惯、生活习惯、文明习惯、守法习惯，为终身发展打下良好的基础。

二是学知练能。“学知”就是要注重学科基本知识、基本方法、基本习惯的学习和培养，为学生核心素养发展打下坚实的基础。“练能”就是要注重学生基本能力、专业能力、优势特长的培养，让学生人人有优势、有特长、能成功。

三是身心和谐。就是要通过开展丰富多彩的活动，让学生学会学习、学会健身、学会合作、学会共享、学会责任担当，达到身心和谐发展，能够更好地适应社会、适应未来、适应时代的发展要求。

四是生涯规划。就是要通过开设学生生涯规划课程，让学生有明确的发展规划，为人生选择好道路；有良好的学科素养，为高考奠定好基础；有突出的爱好特长，为就业树立好标杆。

总之，我们要通过架设成长“立交桥”，让每一个孩子都成功；通过实施分层教学，让每一个孩子都成才；通过生涯规划教育，让全体毕业生都成人。我们最终的理想就是能够让全体毕业生以一份优异的成绩考入理想的大学，以一份成熟的心智面对社会和未来。

学生成长工作由政教处、年级部、班主任分工负责。

幸福校园主要抓好四个方面：

一是营造安全稳定的环境。安全稳定是发展的基础和保障，安全稳定出问题则一失万无，不容任何疏忽大意和麻痹松懈。当前，一方面，要抓好学校安全工作，做到四个必须：必须注重抓好安全教育，做到常抓不懈、警钟长鸣；必须注重抓好安全管理，做到无缝覆盖、消除隐患；必须注重抓好安全演练，做到应知尽知、应会尽会；必须堵塞所有安全漏洞，预防安全风险。在此要求各年级、各处室按照属地管理原则，全面细致地排查自己分管范围内的安全漏洞、安全隐患，列出详细的台账，制定整改方案，认真加以整改。另一方面，要认真做好维护稳定工作，主要是开展扫黑除恶治乱行动。8月27日下午，教育局专门开会部署教育系统扫黑除恶工作推进会，习近平总书记专门批示、提出要求。局党委要求把这项工作提高到政治站位的高度，并且对于扫黑除恶加了一个“治乱”，要求除了把学校周围和内部的黑恶势力、黑恶苗头挖出来上报，还要把造成学校内部混乱的势力和苗头挖出来，进行彻底治理。这个范围就大了。凡是扰乱学校正常教学秩序、影响工作开展、造成工作混乱的，都在打击之列！安全稳定工作请政教处牵头，安全台账、整改方案和整改结果要及时汇总，存档备查。

二是营造风清气正的氛围。主要抓好先模评选、绩效考评、民主决策、干部示范四个关键点。先模评选必须公平公正、奖优励优，让真正成绩好、贡献大的人受到表彰。绩效考核必须公平公正、科学合理，能够精准评价所有人的工作绩效，为奖励发放和先模评选提供精准的依据。民主决策必须严格落实民主集中制原则，学校重点工作要经校委会研究决定。学校发展规划、重大决策必须经教代会讨论通过，充分尊重教职工的民主权利。干部示范就是所有干部必须持心要正、做事要正，带头树正气，必须带着老师干、干给老师看，时时、事事、处处做老师的表率。我们的干部只有保持正气，才有管理的硬气；我们的学校只有树立正气，才有发展的底气。

三是建立和谐互助的关系。我们要大力弘扬“团结就是力量”“己所不欲，勿施于人”及“己欲立而立人，己欲达而达人”等思想，老师之间提倡互敬互爱、互尊互让、互帮互助，同事之间提倡兄弟之情、姐妹之谊、尊老爱幼之礼，努力让老师们心平气顺、心情舒畅、心无旁骛地做好工作。

四是保持平静祥和的心态。《人民日报》有篇文章说了一个观点：选择一种职业，就是选择一种生活方式。我们选择当老师，就选择了老师的生活方式，就不要随便羡慕那些官员、商人、演员、“大款”的生活，就要远离社会的喧嚣，远离时代的浮躁，远离现实的功利，保持一份师者情怀，保持一颗平常心，潜下心来教书，静下心来育人，在平静的校园生活中、在帮助学生成人成才的过程中实现自己的人生理想和价值追求。

现在，我说说大家最关心的几个问题。

第一，关于涨工资。大家可能知道了，在8月23日召开的全市领导干部会议上，市委书记宣布马上为机关事业人员涨工资，平均每人每月增资720元。老师们领的都是职称工资，大家的工资应该在平均数以上，数目应该非常可观。祝贺大家！

第二，关于考勤纪律。我来之前听说我校纪律比较严，考勤很严格。来了之后又听说，咱们学校的工作纪律不如以前：有的旷课空堂；有的上班时间找不到人；有的小病大养、无病呻吟，想方设法逃避上班考勤；有的安排工作很轻，有事来，没事不来。我想，纪律是工作的保障。没纪律就没作风、没成绩、没有学校形象。但是的确有特殊情况存在，有的年龄大了，身体不好，精力不济；有的有慢性病，需要长期治疗；有的怀孕需要保胎；有的父母年迈，家庭负担比较重等，什么情况都有。大家谁都有老的时候，都有困难的时候，都有特殊情况的时候，我们不能不近人情，不能不考虑实际，但是考勤不严格就是对遵守纪律的教师的惩罚。无原则照顾，工作就会乱套。怎么办？我想，一方面，必须进一步严格考勤和请假制度。正常上班必须严格落实考勤和请假制度。办公室专门设立考核科，及时汇总、及时通报，发现旷课、旷工现象,按教学事故严肃查处!另一方面,可以为照顾立规矩。严格甄别是否属于需要照顾的范围,确实需要照顾的,也必须画个杠按规矩来。参考兄弟单位的做法,在确保正常上班、不耽误工作的前提下,咱们学校男教工满50周岁、女教工满48周岁可以不考勤。另外,男教工满55周岁、女教工满53周岁,可以安排其力所能及的工作,并且在保证完成工作的前提下不作坐班要求。需要说明的是,我们出台照顾政策,并不是鼓励大家不考勤、不上课、不上班。相反,对于年龄较大还正常上班的教师,我们积极鼓励,大力表彰,还要制定专门的奖励政策进行奖励。

第三,关于学校收支情况。

收入状况:(略)。

支出状况:(略)。

教职工奖励福利支出:(略)。

学生奖励补助支出:(略)。

以上收支差额达到××万元。这还是按照原先的标准和基数测算的,如今实验班增加到30个,如果按照原先的标准和新的基数计算,支出还会进一步增加,收支差额还会进一步加大。

关于奖金、补贴、福利。俗话说,巧妇难为无米之炊。量入为出,收入减少,意味着支出必须减少。大家一起想想怎么办?我的考虑是采取“两压两减两保”办法。“两压”:一是压缩基建支出,没特殊情况,尽量不安排基建项目;二是压缩办公经费支出。“两减”:一是减除不符合政策的支出,二是减少不必要或不合理的支出。“两保”:一是保证教学奖励和绩效考核支出,二是保证必要的福利、补贴支出。

第四,关于对前期事件的认识。大家都知道,前期我们学校出了一个大的事件,产生了非常大的影响,全市上下、社会各界都非常关注,都在议论,都有自己的看法。这个事件在教育系统内部也产生了非常大的震动,对全体教育干部、全体教师、全体职工触动很大,大家也都有不同的议论、不同的看法。事件发生在咱们学校,新学年即将开始，在今天这个场合，我觉得有必要静下心来，冷静分析一下这件事，统一一下我们的思想。

我们怎么看待这件事？通过这件事，我们应该看到一正一反两方面的表现。

“一正”是我们学校的发展、我们大家的付出、我们取得的成绩得到了市委、市政府、市教育局、社会各界、全市人民的一致肯定和高度认可。这说明我们大家这些年的努力没有白费，我们这些年的汗水没有白淌，我们这些年的心血没有白流，我们拼命干了没有白干，我们赢得了全市上上下下、方方面面的口碑和认可。就冲这一点，我们也绝不能气馁，绝不能灰心丧气。

“一反”是我们的干部的确存在问题，我们的工作的确存在漏洞。有问题就会有危险，有漏洞就会有风险。我目前努力做两个方面的工作。一方面，必须想尽各种办法解决问题，消除危险；必须想尽各种办法堵塞漏洞，规避风险；必须想尽办法保护我们的干部。我的工作出发点就是在发展自己的同时保护自己，否则，我们还会出问题，还会有危险。另一方面，我要想尽办法采取措施积极向上级党委争取，对我们的干部既往不咎，让大家放下包袱干工作。

这件事对我校有什么影响？我认为有三个方面的影响。一是影响了学校干部、教师的士气。事件发生之后，我们的干部有了思想压力、有了工作包袱，不能、不想或者不愿意像原先那样放开手脚大干。老师们也持有观望心理，对学校今后的发展没了信心。二是影响了学校的社会声誉。了解我们学校发展具体情况的、了解事件本身具体情况的会理解、会谅解，不知道具体情况的会怎么看我们学校？怎么看我们的干部？怎么看待我们的工作？三是影响了我校今后的发展。如果没有这件事，我们学校今年取得了这么好的成绩，应该拉鞭放炮，大大庆贺一番，市委、市政府、市教育局和社会各界会对我校更加看重，全市人民群众会对我校更加认可，广大学子会对我校更加向往。但是，出了这件事之后，不得不说，这一切都会打上一个折扣！从上级领导到基层百姓都对我们拭目以待：出了这事以后，这个学校的干部会怎样？这个学校的老师会怎样？这个学校的发展会怎样？我们必须清楚地认识到，当前，从领导到百姓都在等着看我们的表现。这里边有观望、有失望、有质疑、有怀疑、有鼓励也有激励，有知心语，也有风凉话。不客气地说，现在有好多的人在等着看我们的笑话。等着我们学校从此沉沦一蹶不振。我们该怎么办？

我们应该怎么办？我想，我们大家都是综合高中的主人，是这个大家庭的一分子。学校今天的发展成就，学校的一砖一瓦、一草一木，无不浸透着大家的心血和汗水，寄托着大家的光荣与梦想，承载着大家的未来和希望。它就像我们精心培养的一个孩子，原先它像一个稚子，牙牙学语、蹒跚学步、柔弱无力，如今披荆斩棘、栉风沐雨、历经磨难，终于成长为一个青年，侃侃而谈、健步如飞、英俊潇洒。它早已经成了我们大家的宝贝疙瘩、心头肉，我们怎么忍心让它沉沦？怎么忍心把它毁去？但是，它现在面临着发展的质疑，面临着发展的困难，面临着发展的危机，我们做家长的应该怎么办？我们必须挺身而出，为它遮风挡雨。我们必须想方设法，帮它渡过难关。我们必须拼尽全力，助它转危为安。我们必须让它脚板站得更稳、腰杆挺得更直、胸膛挺得更起、头颅昂得更高，让它更加坚定、更加自信、更加昂扬地走向未来。

面对当前的形势，我们必须咬紧牙关，坚持再坚持。我们要用更加努力和拼搏来证明我们的坚强，我们要用更加优异的成绩来回应各方的质疑，我们要用更快、更好的发展脚步来树立新的光辉形象，我们要时刻牢记干好事、不出事，我们的成绩只能上、不能下，我们的发展没有最好、只有更好。我们要用务实的作风、科学的方法、严谨的态度、崭新的风貌共同创造综合高中更大的辉煌！

在此，我请大家对学校发展多提宝贵建议：一是如何优化管理，让我们齐心协力，共同把学校管得更好；二是如何优化教学，让我们群策群力，共同把教学搞得更好；三是如何优化校园生活，让我们同心同力，共同把学校的日子过得更好。学校是我家，维护靠大家！家和万事兴，家不和外人欺！我们共同的心愿就是把咱自己的学校办得更好！

心 路

一般在新学年、新学期开始之前，学校都要召开全校教职工大会，部署新学年、新学期的工作。我始终认为，良好的开端是成功的一半。2018年秋季新学年开学的这次全校教职工大会于我而言就像一次大考，能否一炮打响，成败在此一举。因此，在7月底来校到8月底开会这一个月的时间里，我使出了“洪荒之力”精心准备，最后达到了预期效果。

我的想法是必须通过这次会议达到“融合、契合、神合”的目的。“融合”就是让全体教职工认识自己、认可自己、接受自己，让自己尽快融入学校这个新集体。“契合”就是立足学校面临的现实问题和教职工的思想状态，提出符合学校发展现状和前景及满足教职工心理期待的新理念、新思路。“神合”就是以心交心引共情、转危为机聚合力，把全体教职工的思想认识引导和凝聚到爱校护校、建校兴校上来。

为了达到“融合”的目的，我用了三招：

第一招：肯定＋致敬。从心理学角度讲，人都渴望被肯定、被尊重。尤其是你从他自认为最成功、最得意的方面去肯定他、赞美他，他将把你视为知己，瞬间对你产生好感。讲话开始，我首先向大家鞠躬致敬，肯定学校目前取得的辉煌业绩和良好口碑，指出这是历任校长和全体教职工拼搏努力换来的。从当时大家非常热烈的掌声和非常激动的表情看，这一招的确“搔到了痒处”，让大家感到非常舒服。

第二招：经历＋荣誉。从心理学角度讲，人们对同类有天然的接纳感，对异类有天然的排斥感。再者，老师们是最大的知识分子群体，骨子里文人的清高让他们认可的是业务、是能力、是成绩，他们打心眼里瞧不上“官老爷”做派。要想融入这个集体,必须让他们认为你是“同类”。因此,我也顾不上是不是落个“显摆”了,从自己1989年中师毕业分配到一个最偏远乡镇中学教书开始,讲了自己任教的课程、担任的职务、取得的成绩、获得的荣誉。在基层学校工作10年,还有两年的高中工作经历。大家一听,哎呦喂,这个校长是“一线教师”出身,干过班主任、学科组长(都是学校下力的差事),成绩不错,还是地区教学能手(比较稀缺),是个好老师,是跟咱一伙的。

接着我讲自己在县教育局的工作经历,在基层职员岗位下了10年“真力气”,也坐了10年“冷板凳”,最后得遇贵人,受到提拔,总算熬出头,又用9年时间,从中层干到局级副职。在此期间获得省、市、县级荣誉十几项。老师们一听,这人是一步步从基层、从工作中干出来的,一路走得很不容易,不是依靠背景关系往上爬的人,也不是酒囊饭袋。有了这个看法打底,往后我不管说什么都顺理成章了。

第三招:性格+特点。为了让大家更全面地认识自己,同时也为今后工作相处设立一个“标尺”,我把自己“直板”的性格告诉大家,省去以后交往时互相猜闷儿的麻烦。又顺势说了自己“四个高”的工作特点,尽管自己也没有完全做到,有些加工、拔高的成分,但是作为今后的工作要求提出来,总要“跳一跳脚”才能够到。通过说性格和工作要求,自己给老师们的印象就是这个人挺好打交道,但是工作不好糊弄。

为了达到“契合”的目的,我用了“两式”:

第一式:以理服人。就是提出全体教职工见所未见、闻所未闻、感觉非常高深又贴合实际的新发展理念,力求让大家感到佩服甚至折服。之所以提出“和美”的教育理念,有三个考虑。第一是基于统一学校管理思想的实际需要。思想是行动的先导,理念是行动的指南。没有思想的突破,就没有行动的突破;没有理念的创新,就没有行动的创新。因此,我提出了以和与美为核心的教育理念,以此统一全体教职工的思想,树立行为价值评价的基石和坐标,引导大家追求更高的教育境界。第二是基于凝聚学校发展合力的实际需要。和大多数高中学校一样，我来之前，学校管理制度的出发点和落脚点是“引发竞争”，让年级、级部、干部、教师、职员展开激烈的竞争，在竞争中实现教学质量的不断提升和学校工作的不断发展。但是随着时间的推移和各种情况的变化，这种激烈的竞争所带来的负面效应也不断显现，甚至给发展带来了负面影响。尤其是随着国家新课程改革的推进、新高考改革的落地、新课程标准的实施、新教材的普及，依靠单打独斗、恶性竞争已经不能适应实际发展需求，必须在竞争的基础上加强合作，依靠集体的智慧和力量来取得胜利。而要加强合作，必须首先从学校整体发展思想和理念上发生改变，才能引导教职工从教育教学行为上发生改变。因此，在“和”的理念中，我强调了和衷共济、和而不同、和谐共生；在“美”的理念中，我强调了各美其美、美人之美、美美与共，力求让老师们破除心防、精诚合作、共生共荣。第三是基于打造学校办学特色的实际需要。我始终认为，学校的办学特色始于学校的办学思想、发展理念有特色。我曾经在网上检索过，截至2018年8月，全国还没有一所学校提出过“和美”教育理念，当时我算头一份。再者说，打造自己的办学特色，既符合国家教育发展的政策要求，也符合学校自身发展的迫切需求。作为校长，我必须对学校的长远发展负责、对老师的职业发展负责、对学生的一生发展负责。身处竞争激烈的县域普通高中，必须有自己鲜明的办学特色才能提质量、求生存、图发展。特色鲜明的“和美”教育办学理念，为打造办学特色奠定了理论基础；基于“和美”教育理念重新建构的学校管理、教学、政教和后勤服务保障的体制机制，则为打造办学特色提供了实践路径。另外，我提出并实施“和美”教育理念还有自己的一个小心思，就是好不容易当一任校长，必须实现自己的教育理想，必须展现自己的教育情怀，必须给学校、给老师、给学生留下自己的烙印，才不枉人生这一遭。

第二式：以路渡人。就是在“和美”教育理念的基础上提出新的工作发展思路，以此引领全体师生走上新的道路，实现新的发展。新思路体现了五个特点。一是提出了“时代英才”的概念,与新时代中国特色社会主义思想非常契合,体现了投身时代、建功立业的思想。二是体现了“继承发扬”的成分,就是弘扬严谨、务实的作风和逆境图强的精神,这是这所学校近年来形成的优秀精神内核,符合学校未来发展的需要,必须加以继承发扬。三是提出了“过程优化”的概念,引导干部、师生通过全链条优化自己的工作和学习,追求工作的高质量和学习的高效率。四是提出了“主次矛盾”的概念,引导干部师生厘清关系、分清主次、明确取舍,从而进一步围绕中心、服务大局开展工作和学习。五是提出了“突出重点”的概念,引导干部、师生在工作和学习中牢牢把握重点,紧紧围绕重点,始终去干最重要的事,提高工作的时效性。

为了达到“神合”的目的,我用了“忽悠术”。“忽悠”可是个技术活儿,因为老师们知识渊博、经验丰富,绝不是好糊弄的,但是,只要你说真事、讲真话、用真心、表真情,还是能够打动他们的。我采取了“三步走”战略:

第一步:“谈钱”。说说老师们最关心的绩效考核、奖金、补贴问题。奖勤罚懒、奖优罚劣,这是人事管理的应有之义,也是调动老师的积极性、树立良好风气的主要手段。通过“谈钱”,先给老师们吃了一颗“定心丸”。

第二步:“说爱”。就是出台对老师们关心、爱护的政策,比如达到一定年龄的老教师可以不打卡等。通过“说爱”,给老师们服下一剂“开心散”。

第三步:“共情”。从学校前期发生的事件切入,然后是三连问。首先提问:我们应该怎么看待这件事?提出了一正一反两个方面的看法,摆事实、说真事、讲道理、谈看法,让大家正确认识这件事。然后提问:这个件事对我校有什么影响?提出了事件对学校士气、声誉、发展三个方面的影响,以及社会各方面对学校的观望、审视等种种态度。在此基础上提出第三个问题:我们应该怎么办?提出每一个人都是综合高中的主人,学校是大家精心培养的孩子并且已经长大成人的角色定位。学校成长遇到了波折,作为家长要像呵护自己的孩子一样呵护学校,让它更加昂扬地走向未来。深情加激情、劝将加激将的话语,把老师们的心调动起来,使他们产生深切的共鸣。紧接着,提出我们最正确的态度和行为选择就是咬牙坚持、努力拼搏,用更加优异的成绩和更加坚实的脚步来证明我们的坚强、来回应各方的质疑、来树立新的光辉形象。喊出三声口号,要求大家用更加务实的作风、科学的方法、严谨的态度、崭新的风貌,共同创造更大的辉煌。至此,我已经完全达到了“神合”的目的。

最后的结束语重新回归现实:恳请大家为学校的发展积极建言献策,并再次强调“学校是我家,维护靠大家”。引导大家一家人、一条心办好学校发展这一件大事,共同把学校今后的日子过得更好。

从会后的反响看,这“三招两式一忽悠”还真管用!

场景四

开学典礼，要说振奋人心的激励话

场景

2018年9月1日，在学校体育场举行新学年军训结业暨开学典礼。我第一次面对全体师生，尤其又是开学典礼，必须讲振奋人心、激励上进的话，讲让学生能听懂、能入脑、能走心的话。

说话

今天，我们隆重举行2018—2019学年军训结业暨开学典礼。在此，我代表学校向一年来付出辛勤汗水、取得优异成绩的全体教职员工表示衷心的感谢！向通过认真学习、刻苦训练取得优异成绩的优秀学生及优胜班级表示诚挚的祝贺！向通过努力拼搏成功考入高中即将开始高中新生活的同学们表示热烈的欢迎！

校长有话说

在今天这个场合,我想跟同学们说三句话:

第一句话:你们选择了综合高中,就选择了多条成才的道路、多种成功的方式。与其他学校相比,我们学校最大的特色就是分层教学、因材施教,可以为学生提供最适合的成长道路和成才方式。打个比方,其他学校就好比专卖店,只提供文化考试一种商品,学生没有太多的选择余地。而我们学校就好比超市,可以为同学们提供多种产品选择。如果你文化课基础比较好,我们有重点班和衔接班,可以帮助大家上本科、上重点;如果你文化课基础不理想,那么我们有春考班;如果你英语不理想,我们有日语班;如果你有特长,我们有体育班、艺术班。未来我们还可以探索创办国际班,让同学们直通国外名牌高校。只要你付出足够的努力,总有一条道路适合你,可以保证大家考上理想的大学。

第二句话:高中是人生的转折点,大家要规划好自己的未来,选择好自己的人生道路。我们常说十八岁成人。大家现在十五六岁,三年后毕业,都已经成人了。也就是说,通过高中三年的生活,同学们都从未成年人变成了成年人,这是人生的一个重大转折。成年意味着什么?意味着你要独立面对社会、面对未来、面对人生的各种挑战。"凡事预则立,不预则废。"在面临人生转折的重要时期,同学们一定要做好自己的人生规划,选择好自己未来的发展道路。选对了路,你可能会幸福一生、一帆风顺;选错了路,你可能会抱憾终身、一事无成。希望同学们都能拥有幸福的人生。

第三句话:同学们要珍惜美好的时光,不负大好青春,立志成人成才,做新时代的弄潮儿。社会在发展,时代在进步。当今世界是信息化、物联网、大数据、人工智能的时代,高科技的飞速发展带来的是社会形态、生活状态、工作方式的深层次变革。未来发展对人和人才的要求是,不仅要具备深刻的思想、扎实的学识、过硬的本领、独特的专长,还要具备成熟的心智、健全的人格、沟通的技巧、合作的常识。因此,我希望同学们在高中三年不断锤炼自己、升华自己、成就自己。

一是锤炼自己的品格。继承传统美德,让自己具备“君子品格”和“淑女风范”;践行核心价值,涵养自己的科学精神和人文情怀。做一名既具有中国美德又具有世界品质,既具有中国精神又具有世界眼光的现代中国人。

二是锤炼自己的本领。要注重学习基本知识、基本思想和基本方法,要注重培养基本能力、专业能力和优势特长,为将来能够题金榜、跃龙门打下坚实的基础。让自己成为一个有知识、有思想、有能力、有特长的人。

三是锤炼自己的素养。一方面,要养成良好的思考、学习、生活、文明、守法习惯,提高自己的品位;另一方面,要学会健身、学会合作、学会共享、学会责任担当,提高自己的修养。让自己成为一个有品位、有修养、身心健康和谐的人。

我们的最终理想就是能够让同学们以一份优异的成绩考入理想的大学,以一份成熟的心智面对社会和未来。我相信同学们,相信你们做的一定能够超乎我的想象。

同学们:

如果你是一条蛟龙,我们将给你一片大海,让你能够尽情地潜泳遨游!

如果你是一只雄鹰,我们将给你一片天空,让你能够尽情地展翅翱翔!

如果你是一匹骏马,我们将给你一片草原,让你能够尽情地纵横驰骋!

如果你是一棵大树,我们将给你一片沃土,让你能够尽情地扎根生长!

如果你是一株小草,我们将给你一片春风,让你能够尽情地享受温暖!

如果你是一株鲜花,我们将给你一片雨露,让你能够尽情地享受滋养!

书山有路，让我们迈出坚定的脚步！
学海无涯，让我们挥起奋进的双桨！
青春无悔，让我们放飞追求的梦想！
岁月如歌，让我们播种未来的希望！
同学们：
蓝图已经绘就，号角已经吹响，
让我们向着美好的目标，一起奋斗！
让我们朝着成功的彼岸，一起远航！

心路

开学典礼的主角是学生。说些让学生能听懂、有感悟的话，这是我最初的想法。一个好的开学典礼，能够影响学生的一生。于我而言，不求影响他们的一生，能指导、鼓舞学生高中三年的生活就不错。为此，我把握了三点：

第一点：说话要少，逻辑清晰，尽量让学生能记住。开学典礼上我一共说了三句话。第一句说高中是关键点，同学们要学会选择，找到适合自己的成长之路。第二句说高中是转折点，同学们要学会规划，设计好自己的人生之路。第三句说高中是起飞点，同学们要成人成才，勇做新时代的弄潮儿。选择道路、规划人生、成人成才层层递进，逻辑清晰，容易理解。

第二点：说话要精，直达本质，尽量对学生能管用。高中是为未来的人生发展奠基的，而高贵的品质、高超的能力、高深的修养是支撑人生发展高度的三大支柱，我对学生提出要锤炼品格、锤炼本领、锤炼素养，直击重点，直达本质，本立道生。

第三点：说话要燃，激情澎湃，尽量让学生斗志昂扬。青春少年正是爱做梦的年纪，要用他们喜欢的语言激发他们的青春梦想，点燃他们的青春热血，让他们带着澎湃的激情进入高中生活。为此，在讲话的最后,我用了一连串富有诗意的华章丽句和极为煽情的慷慨语调,一层接着一层、一浪接着一浪,以排山倒海之势冲击学生的心房,迅速点燃了学生的激情,让他们久久地回味。

壮士出征,战鼓声声;学子逐梦,誓言铮铮;百炼成钢,浴火重生;艰难困苦,玉汝于成。

场景五

学科换届，要说“砸个子”的硬实话

场景

2018年9月12日，学校举行新一届学科委员会主任竞聘仪式。通过竞聘演讲，学校选出了新的学科委主任人选。作为业务干部，他们是学科教学带头人和教育教研的主持人，我必须要“砸个子”（方言，意思是提要求），把丑话说在前头，让他们尽心尽力地开展工作。

说话

首先，我代表校委会和我本人对大家光荣当选学科委主任和学科组长表示衷心的祝贺！大家都是有思想、有梦想、有热情、有干劲、有责任心、有事业心的人，我相信大家一定能干好。大家都是通过竞聘获得这个光荣的职位的，这个结果就是大家评选的结果。我们就是要让想干事、能干事、会干事的人有机会展示自己。

在此，我对大家提三点期望：

第一，大家要践行承诺，恪尽职守。大家在竞聘演讲中都作出了庄严的承诺，大家肩负着学校教学、教研提档升级的重任，希望大家在实际工作中要尽心尽力、尽职尽责，力求把工作做得尽善尽美。

第二，要身先士卒，率先垂范。身教胜于言教。“其身正，不令而行；其身不正，虽令不从。”最好的领导是示范。因此，我希望大家在工作中不光要勤动口，还要勤动手、勤动脚、勤动脑，以身作则、率先垂范，带着大家干、干给大家看。

第三，要创新创造，争牌争先。大家在工作中一方面要把常规工作做扎实，踏石留印、抓铁留痕，夯实基础；另一方面要善于创造创新，力求工作有特色。要通过努力，争取出成绩、出经验、出成果、出品牌、出特色，在创办“和美”教育的伟大实践中，不仅作出自己的贡献，而且成就自己的梦想，实现自己的人生价值！

心路

之所以搞学科委主任竞聘，有三个方面的考量：

第一，建立一种机制：公开体现公正。公正公平是人人推崇的价值观，老师们对于公正公平更是看重。公开选聘这种人才选拔机制非常能够显示管理的公正公平。

第二，传达一个信号：有为者会有位。我走访得知，学校之前的学科委主任有的干了很多年，大多年龄老化、思想僵化、能力弱化；有的不教课，对一线教学的实际情况不了解、实际问题不清楚、实际需要不明白，开展学科委工作时存在“瞎指挥”现象；有的是关系户加钉子户，享受既得利益，碰不得、动不得。通过公开竞聘，给想干事、能干事、会干事的人传达一个明确的信号，那就是通过公平竞争，大家都可以坐上发挥自己的才能、实现自己的理想的位置。

第三，体现一种导向：高度重视业务。学科委主任作为教师中的精英骨干、教学教研的带头人，起着不可替代的关键作用，学校高度重视业务干部就是高度重视业务。

场景六

访学研修，要说潜心向学的文绉话

场景

2018年暑期，我有幸被推荐到山东省教科院做访问学者，参加第四期访学活动。10月9日，举行访问学者开班仪式，我又荣幸地被推荐为学员代表进行会议发言。第一次在学院领导专家和访学同行面前亮相，大家的第一印象和自己的讲话水平很重要，我也事先作了精心准备。好在自己写了20多年的材料，给自己写个讲话稿还是能行的，至于水平，我就不敢夸口了。

说话

能够代表访学的全体学员发言，我感到非常高兴！能够借此机会聆听教科院领导专家的教诲，我感到非常荣幸！现在觉得当初努力争取得到这个访学机会，实在是庆幸！所谓“三人行，必有我师焉”，能随长者砺心、能跟贤者修德、能与智者论道、能同强者对话、能和志同道合者结伴同行，真乃三生有幸！

我们的使命是研修，我发言的主题是“研以培根固本，修以立德厚学”。作为曾经的教员、现在的学员，我想说：

我们都是带着丰满的梦想而来的。

古人讲：“取乎其上，得乎其中；取乎其中，得乎其下；取乎其下，则无所得矣。”作为学员，我们的初心是跟着教科院的领导、专家学上等理、悟上等法、修上等业、成上等果。正所谓“昨夜西风凋碧树，独上高楼，望尽天涯路”。

我们做好了为梦想而努力的准备。

古人讲：“凡事预则立，不预则废。”态度决定一切，作为学员，我们都已经做好了为梦想而认真学习、努力拼搏的准备，我们都本着踏踏实实当学生、认认真真学本领的态度，期待在教科院领导专家的严格要求和精心指导下，能够熔炼思想、锻炼能力、锤炼意志、提炼风格、历练人生。正所谓“衣带渐宽终不悔，为伊消得人憔悴”。

我们期待得到梦想实现的好结果。

古人讲：“海阔凭鱼跃，天高任鸟飞。”我们不只有工作、生活及眼前的苟且，我们还有诗和远方。通过一年的研修，我们力求使自己的人文素养更厚、思想维度更深、理论水平更高、工作实践能力更强，力求让梦想的道路更宽广、更坚实，力求让自己人生之路走得更远、更长。正所谓“众里寻他千百度，蓦然回首，那人却在灯火阑珊处”。

得遇良师益友，乃人生之幸、人生之福！

我们渴望得到优秀传统文化的浸润，丰富自己的文化知识，积淀自己的人文底蕴，锤炼自己的精神品格，提升自己的人生品位。所谓腹有诗书气自华，胸藏经典百智生。

我们渴望得到现代教育理论的熏陶，理解理论内涵，领会精神实质，掌握教育规律，把握工作方略，让自己的发展与理论契合、与时代合拍。所谓学会讲理增底气，一张蓝图绘到底。

我们渴望得到成功经验的启迪，碰撞思想的火花，交流工作的心得，研讨创新的方法，丰富发展的思路，寻找问题解决的路径。所谓一花独放不是春，百花齐放春满园。

我们渴望得到高端资源的支撑，充分利用省教科院这个高端平台，充分挖掘方方面面的丰富资源，充分汲取领导专家的精神财富，助推自己成长、助推学校发展。所谓海纳百川生气象，融合百家成一家。

我们渴望体验同行者的帮助和温暖。有志同者相伴，我们的旅途将不会寂寞；有道合者同行，沿途的风景会更加精彩。所谓抱团发展行将远，携手同行攀更高。

我们渴望体会收获后的幸福和满足。正因为有美好的愿景，我们才义无反顾；正因为有珠玉在前，我们才如此执着。所谓书山有路勤为径，无限风光在险峰。我们坚信：这一切正在路上，这一切并不遥远。

人当知其所止，事当从其所初。士不可以不弘毅，任重而道远。让我们乘着访学的东风，沐浴师恩的阳光，迈开坚持的脚步，张开勤奋的翅膀，在学习的道路上驰骋，在思想的海洋里畅游，在成长的天空中奋飞，一步一步向着理想成功的峰顶奋力攀登，向着梦想花开的地方奋勇翱翔！

心路

我申请去山东省教科院做访问学者是2018年“春天的故事”。当时自己在县教育局担任副局长，前面有两个同事分别参加了第二期和第三期的访学活动，自己非常羡慕，就也试着去申报，没承想还真成了，感觉非常幸运、非常高兴。暑假期间自己被任命为综合高中校长，单位变了，访学学者的身份依然被保留。9月份报到后，见到全省各地的“同学”有40多人，多数是青春靓丽的年轻人，像自己这样“年近半百”的寥寥无几。也许是因为自己岁数大，也许是班长知道我曾经写过20年的材料,让我在开班仪式上作为访问学者代表发言。难得有露脸的机会,我愉快地答应了。

虽然我答应得很轻巧,但实际动笔却颇费了一番思量。这个仪式不同于一般的场合。首先,自己的身份是学员,必须说符合身份的话。其次,自己代表的是所有访问学者,必须把大家的共同心声表达出来。最后,自己面对的是省教科院的领导专家,是在全国教育界知名的“大咖”,必须表达出高度的尊敬和虔诚的决心。另外,自己的发言必须要和前三届开班仪式代表发言“不一样”。

为了“与众不同”,自己首先在发言题目上动心思,既然访学的使命是研修,那么就从“研”和“修”上说。“研以培根固本,修以立德厚学”,相信这个题目肯定没人用过。接下来发言主要说了“三个梦想、六个渴望”。“三个梦想”分别是立梦、追梦、圆梦。借用王国维先生《人间词话》中著名的人生“三段论”来表达潜心研修的决心。“六个渴望”的前三个是说想要“学到”什么,暗合了访学课程安排,属于“规定动作”,必须要完成;后三个是说想要“得到”什么,是访学可以带来的“副产品”,属于“自选动作”,只能靠争取。最后一段结束语颇为“煽情”,言辞铿锵,语调激昂,直抒胸臆,憧憬未来,达到情绪的高潮,然后戛然而止,引发回味。

还有就是我的整个发言引用了大量的“名言警句”,有的为了对仗还自己造了一些句子,如“六个渴望”每段的最后一句,都有“斧凿”的痕迹,这些颇有卖弄之嫌,但是“秀才”嘛,说话“文绉绉”才符合身份。

开幕式之后,班长说我的发言很棒,并让我把电子版发给她,要保存。听了这话,我心里非常高兴。人哪,都喜欢被人夸,尤其是自己费心写出来的发言稿,非常期待别人给予好的评价。人同此心,心同此理。干部们干出好活、老师们干出好成绩,何尝不需要校长的赞美?所以,校长不要吝啬自己的赞美!

场景七

考试分析，要说充满干货的嚼头话

场景

2018年11月20日，学校高三期中考试成绩分析会，我和业务校长、高三级部主任、任课教师参加。教学是学校的核心，高三是学校的重心。高三成绩分析会是非常重要的教学活动，我必须参加，并且必须说话。这是我担任校长之后第一次参加这样的活动，说什么、如何说，老师们充满期待。这次是市级联考，高三学生取得了理想的成绩，我必须要安民心、定军心，把话说明、讲透。

说 话

首先，我代表学校对于高三年级在这次德州市级期中联考中取得良好成绩表示祝贺，对全体班主任和老师付出的努力、作出的贡献表示感谢！

刚才,两位级部主任认真分析了期中考试情况,安排了今后的备考策略。各学科组分析了本学科期中考试情况,就今后的备考方略作了说明。××校长代表学校就高三教学工作提出了指导意见。对于××校长和级部、学科的意见安排,我非常赞同,希望大家认真落实、力求实效、克尽全功。

对于高三的教学和备考工作,我不妄加评议,也不指手画脚。我相信××校长的深谋远虑、高瞻远瞩,相信两位主任的"老谋深算"、算无遗策,也相信老师们的尽心竭力、尽其所能。相信在大家的共同努力下,我校高三备考工作能够做深、做细、做强、做实,做到极致,做得比现在更好!

按照惯例,今天我要代表学校说点什么。思来想去,也没什么新鲜说法,无非老三样:定调子、分"果子"、压担子。

第一,定调子。

俗话说:井无压力不出油,人无压力轻飘飘。没有压力就没有动力。按照学校"成绩只能上、不能下,发展没有最好、只有更好"的总体原则,根据今年的高考成绩,结合高三目前的实际,经反复斟酌,我给高三明年高考确定的任务目标是:一本150人,二本350人,总数800人。

怎么样?没意见,就是大家默认了,有意见,说明大家有激情、有信心。

第二,分"果子"。

老师们常说:要叫马儿跑,必须给青草。让大家下力,必须有动力。我始终认为:干与不干一个样,就没人会干;干多干少一个样,就没人多干;干好干差一个样,就没人干好。而解决这一问题,就必须有合适的政策机制。高三是学校工作的重点,实验班是重点中的重点。既然如此,为突出工作重点和重点中的重点,学校定了两项政策:

一项政策是高三联考绩效考核奖励办法。主要针对高三实验班,考核高三上学期期中和一练、二练德州联考成绩。

对级部：根据联考成绩分成两档，一档奖励3000元，二档奖励2000元。

对班级：根据联考成绩进行考评，按2∶3∶3的比例分三档，一档两个班，各奖励1800元；二档3个班，各奖励1300元；三档3个班，各奖励800元。

对学科：根据联考成绩，对9个学科进行考评，按3∶3∶3的比例分成三档，每档3个学科，一档奖励1600元，二档奖励1200元，三档奖励800元。考核标准由级部制定，奖励根据贡献大小发放。

这项政策是为了加强过程管理，通过教学过程的优化，来达到教学结果的优化。再就是突出团队作用，强调团体合作，目的是促进互助合作、抱团发展，争取教学效益的最大化。这也是"美人之美、美美与共"发展理念的具体体现。

另一项政策是高考质量绩效考核奖励方案。大体考虑是简明扼要、简便易行、简单明了。这项政策关键有两点：

一是奖金怎么定。以上学年高考绩效奖励数为基础，完成高考任务指标（上下浮动不超过1%）则享受相应数额奖金。同时根据各种本科上线人数以及地区排名的增减，相应增减奖金。增减幅度不超过10万元。

二是奖金怎么分。学校考虑按"高考贡献率"发放高考绩效奖励。高考贡献率计算：1个名牌（"985""211""双一流"）为2个高考贡献基数，1个重点本科为1个高考贡献基数，1个普通本科为0.5个高考贡献基数，1个春考、艺体本科为0.25个高考贡献基数。年级高考奖金总数除以年级高考贡献总基数，就是一个高考贡献基数的奖金数。每个级部和班级算出自己有多少高考贡献基数，就能算出自己得多少奖金。

第三，压担子。

有了目标，有了奖励，就要提点要求。不然的话，有点说不过去。希望大家鼓起三股劲儿：

一要实干,全力以赴,鼓起抓铁留痕、踏石留印的狠劲儿。面对高考要竭尽全力、竭尽所能,努力到无能为力,拼搏到感动自己,奋斗到以苦为乐,不留任何余力。

二要巧干,全心投入,鼓起穷尽智慧、穷极八方的钻劲儿。研究高考要沉浸其中、不能自拔,吃透全部精神,想尽全部方法,挖掘全部潜能,不留任何后路。

三要争胜,全面超越,鼓起不达目的誓不罢休的燃劲儿。决战高考要敢想敢干、敢作敢为,发挥最强战力,创造最佳成绩,力争最高荣誉,不留任何遗憾。

老师们,我们选择了教师,就注定要呕心沥血、分秒必争;我们选择了教育,就注定要兼济天下、泽被苍生;我们选择了高考,就注定要栉风沐雨、风雨兼程;我们选择了综合高中,就注定要逆境图强、全面争胜。

荣誉已成过去,发展面向未来;道路就在脚下,目标并不遥远。让我们以更踏实的脚步去奋进,以更饱满的热情去拼搏,以更激昂的斗志去创造,共同谱写综合高中2019年高考新的辉煌篇章!

心 路

考试分析会是学校教学管理的常规工作,也是对提高教学质量发挥重要作用的重点措施。开好考试分析会,提出具有建设性的指导意见,鼓起教师更大的工作干劲,是校长的基本功。因此,对于首次参加考试分析会,我从思想上高度重视,作了深入调研和深入思考。我是首次参加这样的会议,老师们也急于了解校长对高考的想法、看法和说法,我根据教学管理的三个关键环节,拟定了“定调子、分‘果子’、压担子”的讲话框架。

“定调子”就是定目标,体现任务激励、目标导向的管理原则。定目标非常关键,定低了,轻轻松松就完成,激发不起老师们的斗志;定高了,怎么努力都够不着,会让老师们失去进取的信心。所以,要本着“跳一跳摘桃子”的原则,根据原有的考试数据,结合最新的工作要求来确定相对合理、能让老师们接受的考试目标。这样的话,老师们会积极完成任务,努力争取实现目标。

分‘果子’就是定奖惩,体现奖优罚劣、价值导向的管理原则。定奖惩也非常关键,一方面要奖优罚劣,体现“干与不干、干多干少、干好干差”不一样;另一方面要公平公正,体现绩效考核评价政策的科学性。这次会上推出了两项针对高三高考的新的绩效考核政策。一是增加了只针对高三的期中考试、一练、二练三次市级联考的奖励政策。这是高一、高二年级没有的,给高三老师带来了意外之喜。二是推出了新的高考质量考核评价及奖励计算办法,引入“高考贡献基数”的指标体系,以此科学地衡量实验班、艺体班、春考班的高考贡献,作为发放奖励的依据。设定了“目标完成率”和“同比增减率”的指标体系,以此确定高考奖励数量的计算,作为给高三年级和级部发放奖金总数的依据。这项政策既相对科学又简便易行,让老师们工作明明白白,收获清清楚楚,心里亮堂。

“压担子”就是定措施,体现过程优化、问题导向的管理原则。定措施同样非常关键,定对了,能够指导干部和老师们更好地开展工作,自己落个“有一套”的好名;定不对,就会误导干部、老师,耽误他们的工作,自己落个“瞎指挥”的恶名。初来乍到,我还摸不清实底,不能说得太具体,听着顺耳,点到即可。这次会上我提了三点要求:要实干、要巧干、要争胜。

从会后的反映看,老师们对学校下达的高考任务指标表示接受,对增加高三过程奖励频次非常欢迎,对新的高考质量考核评价及奖励计算办法也非常认可。自己的决策能得到大家认可,我感觉很受鼓舞,坚定了工作的信心。

场景八

中层专训，要说理性刚性的原则话

场景

2018年12月13日，举行政教工作会，同步召开中层干部作风建设会，全体中层以上干部和全体班主任参加。中层干部是学校的中坚力量，处于承上启下的关键位置。中层干部的素质、能力、作风直接决定着工作落实的速度和质量。鉴于任职半年来发现干部身上存在的一些问题，本着问题导向原则，我觉得有必要对全体中层干部进行一次专门的训话。

说话

今天本来是召开政教工作会议，考虑到从开学至今还没有专门召集中层干部开个会，有些干部可能快把我忘了，我借此机会跟大家见见面、说说话、交交心，拽拽衣袖、扯扯耳朵。因此，就确定把中层会和政教会合并召开。

关于政教工作：刚才××校长已经作了很好的安排，希望大家认认真真、扎扎实实地贯彻落实。对于政教工作，我想强调的是：必须提高一个认识，做到两手抓。

提高一个认识：就是要充分认识到，抓好政教工作、抓好班级管理、抓好学生的养成教育，是抓好教学工作和教学质量的坚实基础。基础不牢，地动山摇，没有这个基础，想搞好教学根本不可能。对此我不多说，相信大家都能认识、都能理解，关键是认识和理解到什么程度，决定落实到什么程度。

做到两手抓：就是一手抓问题处理，一手抓教育引导，两者相辅相成、相得益彰。其中，问题处理好比扬汤止沸，是治标；教育引导好比釜底抽薪，是治本。问题处理的责任主体是政教，教育引导的责任主体是班级。要做到标本兼治，就必须政教和班级密切配合。学生出了问题，从根本上说是教育引导不到位，是班级管理的责任。因此，要着力强化班级管理工作。

强化班级管理，关键有两点。一要选好人。选择适合做班级管理的老师当班主任。盯得紧、靠得硬、看得牢是一方面，更主要的是能干、会干、干得巧、干得好。二要培养人。着力培养班主任的班级管理能力。这需要学校提供培养平台，年级加强指导，本人用心钻研，只有各方一起发力，才能打造一支优秀的班主任队伍。

下面，我主要讲中层干部队伍建设问题。

中层干部是学校的中坚力量，是推进学校管理决策和工作开展的“关键少数”，在学校发展中具有举足轻重的作用。因此，打造一支素质高、能力强的中层干部队伍，是学校干部管理的重点，是学校工作落实的重点，是学校加快发展的重点。学校对大家高度重视、委以重任、寄予厚望。希望大家不负重托、不负厚望，能够真正发挥中坚作用、关键作用。

我主要讲六个方面:

第一,明确一个目标。

学校对中层干部的培养目标是:打造一支具有向心力、凝聚力、领导力、执行力、战斗力的中层干部队伍。

向心力代表着忠诚,要忠诚于教育事业,忠诚于学校发展,忠诚于岗位职责。凝聚力代表着威信,要能够赢得大家的认可,受到大家的拥护,得到大家的支持。领导力代表着能力,要能够团结带领一班人拼搏奋进、干事创业、建功立业。执行力代表着素养,要能够不折不扣地认真贯彻落实学校的决策部署,不走样、不懈怠。战斗力代表着业绩,要能够立足本职岗位履职尽责,干成事、干好事、不出事。

这“五力”就好比人手的五指,捏指成拳,才能挥出有力。

第二,明确两个标准。

一是明确选人、用人标准。简单说就是“三重”,即重品行、重能力、重业绩。品行是基础,能力是保证,业绩是标尺。三者相辅相成,缺一不可。

二是明确选人、用人办法。简单说就是“四看”:看专业素养、看工作业绩、看专业能力、看职业操守和群众口碑。一个人的专业素养就好比一台电脑的内存,内存强大,就能安装和运行多种软件,就会有强大的功能。工作业绩就好比一台电脑的硬件,硬件质量高,才能保持长久运行,才能承载更大的功能。专业能力就好比一台电脑的软件,软件高级,功能才能强大。职业操守就好比一台电脑的杀毒软件,群众口碑好比加速软件,安装上高强度的杀毒软件和加速软件,才能保证电脑的安全,提高工作的效率。一台电脑只有内存、硬件、软件都是高配,才是一台高性能的电脑;一名干部只有专业素养、工作业绩、专业能力、职业操守和群众口碑都是高规格,才算一个优秀的人才。

第三,认识三个问题。

问题之一:组织纪律性不够。表现在思想不统一,态度不端正,说话、办事不合身份,把自己等同于普通教职工,不负责任乱说话、乱表态、乱发言。对学校面临的形势、发展的思路、工作的重点不清楚、不明白、不思考。面对一些敏感问题不能坚持原则、坚持方向、坚守纪律。对学校发展缺乏信心、耐心、恒心,造成思想上松懈、行动上懈怠、工作上随意、言语上随便,有的甚至以讹传讹、造谣生事、胡说八道。

问题之二:积极主动性不够。表现在有的干部习惯于被动接受指派,不积极、不主动。有的干部习惯于走老路、使旧招、用旧法,不思考、不创新,甚至有的干部敷衍塞责,不进取、不作为,当和尚撞钟,脚踩西瓜皮,工作毫无起色。

问题之三:示范带动性不够。所谓干部,就是带着大家干活的那部分人。作为干部,要在工作中带着大家干、干给大家看,给大家当榜样、作示范。但是有的干部做不到这些,工作态度消极,工作成效泛泛,工作业绩平平,有的甚至还不如一般同志、一般老师干得好。试问,这样的干部怎么能让老师们服气?怎么能让学生们服气?怎么能担当学校发展重任?

第四,自查四个表现。

一是查查自己想了什么(思想表现)。自己现在满脑子想的是什么?是学校发展,是本职工作,是事业家庭,是学习进步,还是别的什么?对于工作和未来,自己有什么想法?因为思想是行动的先导,只有想不到,没有做不到。

二是查查自己干了什么(工作表现)。这学期过去三个多月,自己干了什么?干成了什么?成绩怎么样?对工作持什么态度?能否做到全力以赴?与领导的要求比有没有差距?与同事比有没有差距?因为工作是立身之本,工作做不好,任务完不成,成绩出不来,其他都无从谈起。

三是查查自己付出了什么(合作表现)。自己对同事怎么看?同事对自己怎么看?与同事能否密切协作?因为单丝不成线、独木不成林,依靠团队才能走得更远。

四是查查自己充当了什么(角色表现)。自己在团体中充当了什么角色?是主角,还是配角?是领先的头雁,还是落后的孤雁?是不可或缺的核心,还是可有可无的边缘?团队成员对自己是否信任,看法如何?因为只有当好角色,才能演好戏;只有搭配好各种角色,才能好戏连台。

第五,画出五条底线。

一要认同学校的发展愿景。道不同不相为谋,志同道合才能走到一起,成为一个整体。上下同欲者胜,对学校发展目标、道路不认同的干部,学校要重新对其进行考虑!

二要忠诚于学校的组织事业。忠诚是一个干部的首要品质。忠心耿耿、忠贞不渝、精忠报国,对学校组织不忠诚、对发展事业不忠诚的干部,学校要重新对其进行考虑!

三要执行学校的工作决策。执行力是一个干部的必备品质。所谓踏石留印、抓铁留痕,决策不执行,就是空中楼阁,对学校决策不自觉、不积极执行的干部,学校要重新对其进行考虑!

四要履行岗位职责。履职尽责是一个干部的基本品质。所谓在其位、谋其政、负其责。有为才能有位,对于玩忽职守、敷衍塞责的干部,学校要重新对其进行考虑!

五要遵守纪律、法律法规。没有规矩不成方圆,遵规守纪是一名干部的优秀品质。对不守法纪、不守规矩、存在这样那样问题的干部,学校要重新对其进行考虑!

第六,提出六点希望。

一是希望大家提高认识,端正态度,做洞察时政的明白人。要认识当前的形势,国家对干部的管理越来越严格,对工作的要求越来越规范,对推进发展越来越注重创新,大家要明辨方向、乘势而上、顺势而为。要认清学校实际,我们学校正处于负重爬坡的关键阶段、提档升级的重要节点,需要大家俯下身子、甩开膀子,大干快上。要认准自身位置,中层干部属于中坚力量,处于关键位置,肩负重要责任,一定要时刻保持清醒。

二是希望大家积极主动，担当作为，做加快发展的关键人。积极是一种态度表现，是思想认识到位的外在呈现。主动是一种行动表现，是比态度积极更高一级的呈现。担当是一种责任表现，是比积极主动更高一级的呈现。作为是一种业绩表现，是积极主动担当的最高呈现。大家在工作中要积极主动，担当作为，带着大家干、干给大家看，真正发挥关键人的关键作用。

三是希望大家建功立业，争先创优，做胜任工作的利索人。工作上，大家要把常规工作做扎实，踏石留印、抓铁留痕，夯实基础。要善于创造、创新，力求工作有个性、有特色。要尽职尽责、尽心尽力，力求尽善尽美。在创办“和美”教育的实践中作出贡献、成就事业，实现人生价值。

四是希望大家遵规守纪，持心守正，做廉洁勤政的干净人。没有规矩，不成方圆。规矩是防火墙，规矩是压舱石，规矩是保护伞。任何时候都要把规矩挺在前头，任何时候都要遵守党的政治纪律、组织纪律、工作纪律、廉政纪律，这是立于不败之地的法宝。要保持初心、坚守良心、秉持公心，坚持公正、坚守理正、保持身正，勤勤恳恳教书、踏踏实实育人、干干净净做事、清清白白做人，以良好的德行赢得大家的认可。

五是希望大家团结协作，互帮互助，做团队协调的热心人。抱团才能发展，合作才能共赢。一个人单打独斗的时代已经过去，团队合作、抱团发展成为当今管理发展的主流做法。因此，希望大家今后一定要注重团队建设，注重团队合作，打造一支紧密团结协作、富有战斗力的工作团队，靠团队的力量来推动工作、创造业绩。这也是干部领导能力的具体体现。

六是希望大家学思结合，修炼特长，做专业成长的幸福人。在我的理念中，必须把工作推动和个人发展结合起来，在创造工作业绩的同时成就个人发展，这样事业才能长久，个人才能幸福。大家如果觉得教育没干头、没奔头、没落头，不如干脆离开教育，去干自己想干的事。既然投身教育,就应该扎根教学,潜心教书,精心育人。得天下英才而育之,为人生至乐。不经一番寒彻骨,怎得梅花扑鼻香。事实证明,教育的舞台同样宽大,教学的天地同样广阔,同样能够成就事业、壮美人生,同样能够收获幸福、收获成功。

最后,希望大家立足本职,用心、用力干事,在学校创建“和美”教育的实践中作出应有的贡献,成就事业人生!

心路

毛主席曾经说过:“政治路线确定之后,干部就是决定的因素。”[①]中层干部是学校管理“承上启下”的关键环节,是带领基层教职工“冲锋陷阵”的指挥员兼战斗员,对学校决策的贯彻落实起到决定作用。如果中层干部不能履职尽责,就会出现“中梗阻”问题,直接影响工作开展和工作成效。因此,抓好中层干部建设是提高学校管理效能的关键一环。为此,专门开会对中层干部进行“敲打”。

为了增强教育效果,我采取了三种“教学方式”:

一是运用“直观教学”。在讲中层干部建设的“一个目标、两个标准”时,用了“五指捏拳”来比喻中层干部要具备的五种能力,用“电脑高配”来比喻中层干部选拔任用的标准,形象直观、容易理解。

二是运用“典例教学”。在讲当前中层干部身上存在的“三个问题”,需要开展“四个对照”时,结合校内外干部的实际问题案例进行类比讲述,用身边的事来警示身边的人。

三是运用“情理教学”。所谓“不教而诛谓之虐”,在讲述中层干部要守住的“五条底线”时,首先把设置这条底线的理由讲清楚,让大家明白为什么要守底线。然后反复强调对受不住底线的干部要“重新对其进行考虑”,让大家明白不守底线的后果很严重。在讲述对中层干部的“六点希望”时,不仅晓之以理,而且动之以情,从关心干部自身成

①转引自崔明德:《办好大学的思考》,人民出版社2016年版,第31页。

长进步、安全发展的角度提出要求，亦公亦私、有刚有柔、入情入理、入心入脑，力求达到“导之以行”的目的。

另外，在提出中层干部建设的目标时，框定了向心力、凝聚力、领导力、执行力、战斗力“五力”，分别指向忠诚、威信、能力、素养、业绩等五个干部必备的条件。给中层干部画出认同、忠诚、执行、履职、守法“五条底线”，提出端正态度、担当作为、争先创优、持心守正、互帮互助、修炼特长等“六点希望”，既符合国家对干部管理的原则要求，也符合学校发展对干部队伍的刚性要求，自我感觉比较靠谱。

场景九

元旦献词，要说团结奋进的理想话

场景

2018 年 12 月 30 日，学校举行元旦文艺晚会，全体教职工、高一年级全体学生参加。照例我要致新年贺词。

说 话

今夜我们欢聚在此，喜迎新年。在这安定、祥和的美好时刻，我谨代表学校向一直以来辛勤工作、默默耕耘，为教育发展作出积极贡献的全体教职工表示诚挚的敬意！向一直以来勤奋学习、刻苦努力、不断取得成绩进步的全体同学表示高度赞赏！向一直以来关心、支持、帮助学校发展的各级党政领导、社会各界朋友表示衷心的感谢！

回首 2018，我们创造奇迹、赢得荣耀。师生上下齐心，经种种艰辛、历重重磨难，终于创造学校历史，攀上教学高峰。德州一等，春考优胜，禹城先进，政府记功，省委书记嘉奖，每一项都记满功勋，写满辉煌！

回首2018，我们骄傲自豪、无悔无怨。一众学子成人成才，熔炼德操品性，追求真知高能，追逐人生梦想，登上大学殿堂。全体教师收获了汗水，也收获了成就；收获了回报，也收获了尊严；收获了幸福，也收获了发展！

回首2018，我们有志于胸、无愧于怀。日复一日的辛勤劳作，月复一月的拼搏进取，季复一季的奋斗磨炼，年复一年的坚守期待，烈烈燃烧的是青春的热血、岁月的激情，无悔铸就的是国家的未来、民族的丰碑！

回首2018，我们进无止境、气有浩然。仰不愧于天，俯不怍于人。秉持初心，信念坚定；播散爱心，立德树人；坚守师心，志存高远。攀到山顶，我们头更高；走到天边，我们路更远。抬望眼去，又是一片更广阔的天！

回首2018，我们有成功，也有失败；有汗水，也有泪水；有欢乐，也有痛苦；有希望，也有失望。逝去的，是满头的黑发、娇美的容颜、蓬勃的青春；不变的，是作为师者全心教书、潜心育人、痴心从教的无上情怀！

新学年、新目标、新任务、新挑战！

2019年是学校提档升级的开局之年，是跨越发展的关键之年，是开头起步的奠基之年。我们要认清形势，坚定信念，谋划新发展。我们要树立信心，下定决心，整装再出发！

2019，注定我们要认清新形势。上有政策，新高考、新课程的改革越来越深入；下有期待，上名牌、上名校的愿望越来越强烈；左有督导，各级主管部门催得紧；右有巡查，各级监督部门管得严；前有标兵，重点中学发展的脚步越来越快；后有追兵，民办高中发展的势头越来越猛。形势催人起，局势要人立，气势逼人强，不容我们懈怠！

2019，注定我们要树立新目标。办和美教育、育时代英才。领跑普通高中，是我们发展的底线，必须坚守；比肩重点高中，是我们当下的追求,必须坚持;创办现代优质高中,是我们的信念,必须坚定。目标是旗帜,目标是方向,不容我们迷茫!

2019,注定我们要谋划新思路。“一个目标”是我们发展的引领,“两个弘扬”是我们发展的源泉,“三个优化”是我们发展的法宝,“四个围绕”是我们发展的遵循,“五项重点”是我们发展的平台。思路是出路,思路是指引,不容我们摇摆!

2019,注定我们要施行新举措。优化管理,是发展的基础;优化教学,是发展的重点;教师成长,是发展的关键;学生成长,是发展的核心;幸福校园,是发展的保障。有舍才有得,有为才有位,不容我们敷衍!

2019,注定我们要创造新业绩。工作干好事、不出事,成绩只能上、不能下,发展没有最好、只有更好,这是我们对各级领导、社会各界的庄严承诺,更是对广大群众、莘莘学子的责任担当!

同学们:宝剑锋从磨砺出,梅花香自苦寒来。你们一定要志存高远,立最高的目标,做最好的自己;一定要规划人生,磨炼坚强的意志,勇敢面对挫折;一定要珍惜现在,勤奋刻苦学习,不断提高进步;一定要熔炼品格,继承传统美德,培育现代气质;一定要面向未来,打磨中国精神,锤炼世界眼光。希望同学们都能以一份优异的成绩考入理想的大学,以一份成熟的心智面对社会和未来。我相信同学们,一定能超乎我的想象!

老师们:新竹高于旧竹枝,全凭老干为扶持。我们选择了教师,就注定要呕心沥血、分秒必争;我们选择了教育,就注定要兼济天下、泽被苍生;我们选择了高考,就注定要栉风沐雨、风雨兼程;我们选择了综合高中,就注定要逆境图强、全力争胜!

荣誉已成过去,发展面向未来;道路就在脚下,目标并不遥远。让我们以更踏实的脚步去奋进,以更饱满的热情去拼搏,以更激昂的斗志去创造,以更务实的干劲去追求,和衷共济、携手并肩,共同谱写综合高中2019年新的辉煌篇章!

最后，祝愿全体教职工在新的一年身体健康、家庭幸福、工作顺利，祝愿全体同学学习进步、学有所成、快乐成长！

心路

元旦是一个特别的日子，因为是新一年的开始。元旦晚会是一个特殊的场合，因为面对的不仅有学校师生，还有学生家长，活动录像还要在公众号发布，面对的是各级领导、社会各界。作为新任校长，我第一次在这个日子、这个场合讲话，这既是一次重大的考验，只许成功、不许失败，也是一次难得的机遇，我可以通过这个活动把自己的想法和学校的发展思路宣传出去，让各方各界认识自己、了解自己，为自己赢得荣誉，为学校赢得认可。

回顾过去的一年，我主要是宣扬学校取得的成绩、获得的荣誉，肯定干部、老师、学生的优异表现，盛赞全体师生潜心育人的无上情怀和勇攀高峰的雄心壮志，以此坚定他们再接再厉的信心。

展望未来的一年，我提出了一系列新的思考和规划蓝图：

提出学校要“提档升级、跨越发展”。经过几年“死拼、硬干、榨油”式的发展，学校已经达到一个“瓶颈”。要适应新课程、新课标、新高考的需要，靠“老一套”是不行的，必须落实新发展理念，转方式、调结构、增动能，推动学校工作全面提档升级。

指出学校发展面临的“严峻形势”。上有政策调整、下有百姓期待、左有部门督查、右有纪委巡查、前有重点挤压、后有民办追击，可以说学校发展面临的形势非常严峻，目的是激发全体干部、师生“在重重包围中杀出一条血路”的决心和信心。

重申学校发展的目标、思路、重点、口号，在这一特殊的时间节点再一次郑重其事地提出，进一步强化全体干部、师生的认同。同时向全社会宣传，成为全体干部、师生的承诺，目的是统一全体干部、师生的思想，凝聚发展共识。

在此基础上,向全体同学、全体老师发出号召,激励大家面向未来、和衷共济、携手并肩共同谱写学校新的辉煌篇章。

晚会录像在公众号发出之后,受到广泛好评,获得点赞无数,我的讲话成为其中的亮点之一。有热心的学生家长给我发消息说“好”,我心里美滋滋的!

场景十

放假前夕，要说暖心暖肺的拜年话

场景

2019年1月28日，全校师生在和美楼前青春广场集合，举行春节放假前最后一次升旗仪式。第一学期已经过去，新年即将到来，放假前我作为校长要给全校师生嘱咐几句。

说话

在庄严的国旗下、在激昂的国歌声中，我们走过了奋斗、奋进、奋发的2018年。借此机会，我跟大家讲三句话。

第一句：今年(指2018年)大家的成绩很优秀，成果很显著，干得很漂亮。今年，我们高考本科上线实现“六年连续增长”，创造了新历史、新高度；连续两年荣获德州市高中教学成果一等奖、德州市春季高考优胜奖，超越四所重点中学；连续两年被禹城市委、市政府给予记功嘉奖。这个成绩得到各级领导、社会各界和广大人民群众的高度认可,得到时任省委书记刘家义的高度评价。这个成绩证明大家都做得很优秀,干得很漂亮。在此,请大家给自己点个赞,付出心血,赢得成就,感觉很幸福;给同事点个赞,志同道合,一起共事,感觉很温暖;给同学点个赞,追求卓越,一起成长,感觉很快乐。大家都很棒,点赞!

第二句:今年大家教书很努力、学习很刻苦、服务很到位。我们取得如此优异的成绩,离不开全体同学的刻苦学习,离不开全体老师的辛勤劳动,离不开全体干部的示范引导,离不开全体职员的周到服务,也离不开各级领导、社会各界和全市人民的大力支持。在此,我代表学校和本人,感谢同学们勤奋学习,感谢老师们辛勤付出,感谢干部们率先垂范,感谢职员们服务到位,感谢各级党政领导、社会各界朋友和全市人民大力支持! 大家辛苦了,感谢大家!

第三句:今年春节大家要多温暖家人、多宣传学校、多注意安全。家和万事兴,家是我们成长的摇篮、心灵的港湾。家人是我们在这个世界上最亲近的人、最可依靠的人。因此,借着春节家人团聚,大家要多关心家人、多体贴家人、多爱护家人,让自己的家庭更温暖。学校是大家的第二个家,是大家挣钱养家、学习进步的地方。同学、同事是我们除了家人之外相处时间最长的人,是给自己帮助最多的人。因此,大家要多表扬同学、多夸奖同事、多赞美学校,让自己的学校更美好。安全是工作学习的基础、事业发展的前提,健康是成人成才的根本、成就成长的保障。没了安全和健康,一切都无从谈起。因此,春节期间,大家一定要保证安全、保证健康,让自己的未来更长远!

最后,祝愿全体同学、全体教职工,并祝愿我们的家人平安健康、和美幸福、新春快乐、万事如意!

心 路

放假、回家是学校里最动听的两个词。春节前放假除了要对大家一年的努力点个大大的赞,再说些拜年的话之外,总要夹带一些“教育”的因素,因而就有了“学校是大家的第二个家”的说法,引导师生爱校如爱家!

场景十一

中层述职，要说定规立矩的明白话

场景

2019年2月18日，学校举行中层干部述职评议会议。这是新学期的一次重要会议，主题是：紧紧围绕学校发展的核心和大局，充分发挥中层干部"关键少数"的关键作用，统一思想，凝聚共识，团结奋进，推动学校各项工作扎实推进和落实到位。

说 话

刚才，各年级和相关处室进行了工作述职，从大家的报告看，大家立足各自的岗位，充分履行职责，总结成绩比较客观，分析问题比较中肯，工作打算比较具体，尤其是有些级部和科室在做好规定动作的基础上，积极动脑筋、想办法，创造性地开展自选动作，工作特色比较鲜明、成效比较显著。比如……

由此可见,我校中层干部的思想境界和个人素养比较高、工作推进和落实能力比较强、工作成绩和发展业绩比较突出。大家为学校发展尽了心、尽了力,发挥了应有的作用,作出了巨大的贡献。校委会对大家的工作表示肯定,对大家的表现比较满意。

下面,我代表校委会,对全体中层干部提三点要求:

第一,要围绕中心,维护大局,提高站位,增强执行能力。

主要做到三个“执行”,坚持两个“绝不”。

三个“执行”:

一要不折不扣地执行上级政策。政策代表党的要求,代表国家意志。执行政策就是遵从党的要求,执行国家意志。不折不扣地执行上级政策,是一名干部政治境界、政治站位的基本体现,是讲政治、顾大局的基本表现。

二要不折不扣地执行学校决策。上学期,学校制定出台了一系列发展决策,重新明确了学校的发展理念、发展目标、发展定位、发展思路、发展平台、发展标准、发展策略等。不折不扣地执行学校决策是一名干部政治素养、政治觉悟的基本体现,是围绕中心、服务核心的基本表现。

三要不折不扣地执行发展对策。为了实现新的发展目标,学校制定出台了一系列工作指导意见、实施方案、考核办法、管理规定等。不折不扣地执行这些意见、方案、办法、规定,并结合工作实际认真加以推进和落实,是一名干部政治敏感、政治定力的基本体现,是执行力、战斗力的具体表现。

两个“绝不”:

一是决不与上级政策唱反调,二是绝不在敏感场所说胡话。在当前形势下,作为体制内的人,谁唱反调谁吃亏,谁说胡话谁倒霉。这个不用我多说!

第二,要履职尽责,创新实干,主动作为,创造优良的业绩。

主要做到三个“到位”,坚持两个“主动”。

三个“到位”：

一是职责履行到位。作为教师，必须履行教书育人的职责；作为干部，必须履行工作管理职责。履行好岗位职责，这是最基本的要求，是安身立命、生存发展的根本保障。职责都不履行或履行不好，就是失职。失职就会被追责，就有免职风险，就可能动摇安身立命、生存发展的根本。

二是工作落实到位。担当有为、狠抓落实是今年省委对全省各级党政的统一要求。再完美的顶层设计、再完善的决策方案，如果落不到实处，就是空中楼阁，就不会产生实际效果。因此，新学期的工作总基调就是抓落实，落实、落实、再落实！必须把上级政策、学校决策、发展对策真正落到实处！

三是团结协作到位。抱团才能发展，合作才能共赢。一个人单打独斗的时代已经过去，团队协作是当今事业发展的主流。因此，大家一定要注重合作、积极合作、主动合作，进一步提高组织管理能力，推动工作、创造业绩。

两个“主动”：

一是主动思考，二是主动创新。当前教育政策发展日新月异。不思考就没有出路，不创新就没有活路。只有善于思考、不断思考，才能找到新办法，采取新措施，解决新问题。只有善于创新、不断创新，才能找到新思路，创造新特色，建立新作为。只有能够解决新问题、建立新作为，才能在新高考、新课改的时代背景下谋求新跨越，才能在学校办和美教育、育时代英才的工作实践中实现新发展。

第三，要坚守底线，迎难而上，顺势而为，实现更好的发展。

主要做到三个“增强”，坚持两个“认清”。

三个“增强”：

一是增强纪律意识。纪律是防火墙，是压舱石，也是保护伞。任何时候都要把纪律、规矩挺在前头。工作中要坚持原则、坚定方向、坚守纪律，思想不能松懈，行动不能迟缓，工作不能随意，言语不能随便，说话办事要符合身份,尤其对学校的发展形势要明了,发展思路要明确,发展重点要明白。要做一名政治上合格、思想上过硬、态度上诚敬的教育干部。

二是增强底线意识。上次中层干部会,我给大家划出了五条底线:认同学校的发展愿景,忠诚于学校的组织事业,执行学校的工作决策,履行岗位职责,遵守纪律、法律法规。底线就是红线,不容忽视、不可逾越;底线就是标线,时刻对标、保持清醒;底线就是起跑线,大家要在此基础上向前奔跑、向前发展。

三是增强危机意识。当前,学校发展面临的形势很严峻,面对上、下、左、右、前、后的重重压力,不容我们稍有懈怠。学校发展面临的问题很复杂,有些影响大局的棘手问题,要求我们必须加以解决。如果我们不清醒、不谨慎、不积极、不作为,就会陷于危机,甚至葬送来之不易的良好局面,葬送大家依靠学校发展而得到的荣誉和尊严。所以我们没有退路,只能顺应形势,迎难而上,解决问题,积极作为,谋求更好的发展。

两个“认清”:

一要认清当前的形势,各级对干部的管理越来越严格,对工作的要求越来越规范,对推进发展越来越务实,大家要明辨方向、乘势而上、顺势而为。二要认清学校实际,我们学校正处于负重爬坡的关键阶段、提档升级的重要节点、跨越发展的战略机遇期,大家要找准自身位置,俯下身子、甩开膀子、撸起袖子加油干。在学校加快发展的洪流中,建立功业,实现价值,壮美人生!

同志们,攀得半山休道远,还需健履上高峰。打造一支忠诚、干净、担当的高素质干部队伍,是推动学校持续健康发展的关键。学校对每一名干部都高度重视、委以重任、许以重托、寄予厚望,希望大家立足本职,用心用力,务实担当,积极作为,在学校加快发展、跨越发展、“和美”发展的工作实践中发挥真正的作用,作出真正的贡献!

心 路

对学校中层干部的评价一直是个难题，因为管理、教学、思政、后勤等不同岗位的干部职责不同，很难用“一把尺子”加以衡量，用“多把尺子”又难以保证公平公正。因此，除了担任教学任务的干部参加教学质量绩效考核之外，借鉴行政事业单位的做法，开展干部述职评议，并与绩效工资发放挂钩，不失为一个相对合理的办法。

干部须培养。由于学校相对封闭、教学任务繁重、接受思政教育少等，学校干部普遍存在政治意识、廉洁意识、纪律意识不强的问题，不仅影响战斗力、影响工作落实，而且很容易出现违纪、违规问题。因此，对干部的思政警示教育和能力素养建设必须时刻抓在手上，树立围绕中心、服务大局、创新实干的“标准线”，扎牢廉洁自律、遵规守纪、拒腐防变的“篱笆墙”，力求既培养干部、做好工作，又保护干部、保证安全。

场景十二

升旗仪式,要说追逐梦想的励志话

场景

2019年2月20日,学校举行春季开学后的第一次升旗仪式,政教处负责人安排我作新学期动员讲话,给全体师生加加油、鼓鼓劲。

说 话

在庄严的国旗下,沐浴着乍暖还寒的春风,我们开始了充满希望与期待、充满奋斗与拼搏、充满激情与梦想的2019年新学期。借此机会,我跟大家讲三句话。

第一句:我们的目标很远大、前景很美好、未来很期待。

新学期,新目标,新任务,新挑战。我们的工作标准是成绩只能上、不能下。这就意味着我们每年的高考成绩要比上一年更好。2018年,我们学校的高考成绩大放异彩:一本上线实现突破,达到了137

人;二本上线达到280人;春考234人、艺考225人,总量达到739人。2018年的高考成绩是学校的历史最好成绩,同时也为2019年高考竖起了新标杆。学校制定的2019年高考目标是:一本突破150人,二本突破350人,加上艺考、春考,上线总量要突破800人。如果能够实现这些目标,我们学校的社会声誉必将更好,群众口碑必将更高,发展前景必将更加广阔、更加美好。让我们共同期待!

第二句:我们的时间很宝贵,学习要刻苦,自律要严格。

同学们,高中是人生的第一个磨炼场,高中三年的生活会让全体同学终生难忘。高考是人生的第一块试金石,高考成绩就代表每一名同学高中三年学习生活的含金量。升学是人生的第一个龙门关,就目前来说,我们能够越过的高度,就是人生发展的平台高度。名牌大学、一本、二本、艺考、春考就好比人生发展的五个平台。目前来讲,同学们踏上的平台越高,意味着人生发展的起点越高,未来发展的成就越高。从今天到高考满打满算还有105天,时间已相当紧迫,不容我们稍有懈怠。同学们学习必须要更刻苦、更认真,自律必须要更严格、更自觉,要集中所有精力全力以赴,争取高考能够取得更好的成绩,考入理想的大学,实现人生的梦想!

第三句:我们的任务很艰巨,责任很重大,工作要努力。

老师们,我们从事的是太阳底下最光辉的职业。面对莘莘学子成人成才的渴望,面对家长望子成龙、盼女成凤的期望,面对国家培养创新人才的重托,我们义无反顾、责无旁贷。家长把孩子的一生交给了我们,学生把一生的幸福交给了我们,国家把经济发展、社会进步、民族复兴的希望交给了我们,学校的生存发展、荣誉尊严也扛在我们肩上,我们的任务很艰巨,责任很重大,使命很光荣。我们必须全心全意、全力以赴、奋发图强!

老师们、同学们:荣誉已成过去,发展面向未来;道路就在脚下,目标并不遥远。让我们以更踏实的脚步去奋进,以更饱满的热情去拼搏,以更激昂的斗志去创造,以更务实的干劲去追求,和衷共济,同心同德,携手并肩,共同谱写综合高中2019年新的辉煌篇章!

心路

站在国旗下,沐浴在春风里,开学第一课、高考100天、新年新学期……这些因素叠加在一起,就使得这次升旗仪式与众不同。政教处给了我五分钟的讲话时间,并要求不能超时,后面还有其他议程。思忖再三,我还是延续了以往给学生讲话的风格,就讲三句话,不过"尾巴"长了些。

第一句:追标立梦。无论如何推行素质教育,教学质量都是绕不过去的指标。对于高中而言,高考质量就是学校的生命线,没有质量作背书,一切活动都是"不务正业"。因此,新春伊始,我向全体师生提出新一年的高考任务目标,即2019年高考上线总量突破800大关。这个目标非常具有挑战性,因为2018年学校创造了高考最佳纪录,在条件不变的情况下,想要进一步突破难度极大。但是,只有追求具有挑战性的目标,才能带来巨大的工作压力,压力产生动力,动力产生行动,行动产生效果,最终达到不断提升教学质量的目的。

第二句:全力追梦。对人的一生而言,高中是奠基石和转折点,同学们高考踏上不同的平台,就会有不同的人生。高中三年弹指一挥间,高三学生距离高考还有105天,时间紧迫,不容懈怠。三通重鼓敲下来,留给学生的只有时不我待、全力以赴。

第三句:同心圆梦。没有好老师,就没有学生的好成绩。教师是学校的第一资源,学校的一切目标、学生的一切进步都要通过教师的教学来实现。因此,必须让老师们充分意识到身上肩负的责任,必须想方设法调动他们的工作积极性,画出最大的同心圆,激励他们全力以赴完成教学任务。

一年之计在于春。目标确立,蓝图绘就,征鼓响起,万马奔腾,勇往直前!

场景十三

新春起步，要说加压鼓劲的豪壮话

场景

2019年2月22日，学校召开新学期第一次全体教职工大会。大会要全面总结上学期成绩，表彰、奖励先进集体和个人，部署新学期的工作。这是一次非常重要的活动。

说 话

今天，我们召开全体教职工大会，主要是总结上学期的工作情况，表彰先进，分析现状，部署新学期的工作，让全体教职员工进一步认清形势，坚定信心，凝神聚力，狠抓落实，努力夺取教学质量新胜利，奋力攀登学校发展新高峰。

刚才，会议进行了上学期工作总结表彰，部分先进单位和个人代表作了典型发言。这些发言非常精彩、非常有料。希望大家认真学习借鉴，比学赶超，争取创造更加优异的成绩。××校长代表学校，就新学年的教学工作作了安排,非常具体,非常有针对性,希望大家结合工作实际认真加以落实。下面,根据校委会研究的意见,我讲三个方面的内容。

第一,上学期的工作情况。

上学期,在全体教职工的共同努力下,我校各项工作扎实推进,呈现出持续、健康、稳定发展的良好局面。

一是党建工作扎实有效。我校党支部成功升级为党总支,认真学习领会党的十九大精神和习近平中国特色社会主义思想,认真开展"党员活动日""两学一做"等活动,全体党员干部牢固树立"四个意识",坚定"四个自信",坚持"两个维护",始终在党的政策指引下开展工作,政治素养明显提升。

二是发展规划更加明确。立足学校发展实际,确立了以领跑普通高中、比肩重点高中、创建现代优质高中为发展定位,以办和美教育、育时代英才为发展目标,以管理优化、教学优化、教师发展、学生发展、幸福校园建设为发展重点,以抓实质量、抓优过程、抓牢安全、抓强队伍、抓好作风为发展主线的工作思路,确定了工作干好事、不出事的工作原则,成绩只能上、不能下的工作标准,发展没有最好、只有更好的工作追求,全体教职工目标明确、思路清晰、思想高度统一。

三是教学质量稳步提升。上学期期末德州市联考,我校高三年级一本上线113人、二本上线306人,成绩符合阶段实际,完成既定目标应该不成问题。高二年级一本上线175人、二本上线469人,指标可圈可点,成绩可喜可贺,应该能够超额完成任务。高一年级在优秀生源锐减的情况下,全市前1100名学生中由学期初的37人增加到学期末的132人,全市前2200名学生中由学期初的403人增加到学期末的601人,成绩有明显的进步。

四是学校管理逐步规范。其一,加强了制度建设。重新制定和修订涵盖各方面的制度24项。其二,完善了管理机制。配套实行分工负责制、级部负责制、学科负责制、绩效考核制,建立学校、年级、政教三级巡查制度，拉紧管理链条，提高管理效能。其三，实施了分类考评。对年级、班级、学科、处室等管理岗位和干部、教师、职员等工作岗位，分别明确其职责，出台考评办法，落实奖惩兑现，激发工作活力。其四，强化了风险防控。定期召开校委会和教代会，落实"三重一大"集体决策制度。开展校委会成员进课堂、进班级、进学科"三进"活动，落实"八项规定"，规范财务管理，预防违纪违规。

五是教学改进作出尝试。突出教学的核心地位，狠抓常规落实，夯实教学基础。积极推行集体备课，从备课环节抓起，着力优化教学过程。探索打造"五点"创新课堂，力求进一步提高课堂教学效率。从工作实际看，各学科普遍开展了集体备课，进行了"五点"创新课堂的尝试，教学改进有了一个良好的开端。

六是队伍建设初见成效。注重抓好中层干部。做到定调子，把中层干部视为学校发展的"关键少数"；压担子，坚持德才兼备、人尽其才；打板子，问题严肃处理，事故严格追责；紧链子，消除懒、靠思想，积极担当作为。注重提高教师素养。创建和美讲堂，出台激励政策，评优评模向一线倾斜，支持教师参加各种业务竞赛活动，学习先进的经验，强化学科教研，提升业务能力。我校有3名教师获德州市优质课评比一等奖，4名教师获德州市学科对抗赛二等奖，成绩在历年中最好。

七是安全稳定得到保障。注重抓好安全管理。修订学生管理制度33项，实行封闭管理，分岗位值班，分时段校内外巡查，家校联防，做到制度全覆盖、管理无缝隙。注重抓好安全预防，深入开展扫黑除恶活动，整顿、规范校内经营行为，联合交警开展安全教育，有效防范校园暴力事件的发生。注重抓好养成教育，通过"落实一日常规""严打整治月""纪念孔子诞辰""放飞成长足迹"等活动规范学生的言行，陶冶学生的心灵，引领学生健康成长，整个学校安定和谐、秩序良好。

以上成绩的取得是全体老师辛勤劳动的结果，是全体干部示范引导的结果，是全体职员服务周到的结果，是各级领导、社会各界大力支持和帮助的结果。在此,我代表学校向大家致以崇高的敬意和衷心的感谢!大家辛苦了,感谢大家!

第二,发展面临的现状分析。

一是学校发展面临严峻的形势。上有政策,新高考、新课程的改革越来越深入;下有期待,上名牌、上名校的愿望越来越强烈;左有教育督导,各级主管部门对工作成绩催得紧、要求高;右有纪检巡查,各级监督部门对工作规范抓得死、管得严;前有标兵,重点中学发展的脚步越来越快;后有追兵,民办高中发展的势头越来越猛。形势严峻,局势逼人,不容我们懈怠。

二是学校发展面临战略机遇。当前,我们学校正处于负重爬坡的关键阶段、提档升级的重要节点、跨越发展的战略机遇期。如何把握历史机遇,促使学校更好、更快地发展,是对我们大家的管理能力、教学能力、服务能力的巨大考验。

三是学校发展面临巨大的挑战。当前正处在由传统教育向现代教育的发展转型期,新政策、新理念、新模式、新方法层出不穷。如何应对国家对人才选拔的新标准、社会对高中教育的新期待、家长和学生对人生发展的新要求、国际对产业人才的新定位,都是摆在我们面前的重要课题。不创新就难发展,不进步就被淘汰,这逼着我们不得不应对挑战。

四是学校的发展面临很多问题。比如:

我们的经费严重不足。经费不足,就不能改善条件、多发奖金福利,就会影响大家的积极性,阻碍学校发展。

我们的条件非常落后。功能教室不足,制约专业培训;教学设施不足,制约实验教学;教学设备陈旧,制约教学效率。

我们的队伍尚需优化。我们的教师数量严重不足;我们的干部、教师、职员,无论是思想理念、态度干劲,还是能力素养、精神状态,都与新高考、新课改、新发展的要求有很大的差距。

我们的教学急需改进。目前我们的课堂教学在理念指导、常规落实、模式方法和效率上都有待进一步提高。

我们的质量有待提升。按照成绩只能上、不能下的标准衡量,高三要完成一本上线任务,应该说有一定的难度。高二一本上线任务也不能松懈。高一因为优秀生源少,完成任务指标的难度加大。但无论如何,不允许质量下滑,必须想方设法确保取得更高的成绩。

我们的学科严重失衡。以高一为例,单科平均分最高的是政治,第12名;最差的是化学,第17名。单科上线率一(重点本科单科上线率)最好的是政治,第13名;最差的是英语和化学,第17名。华奥的英语是第16名。单科上线率二(普通本科单科上线率)最好的是政治,第11名;最差的是英语,第20名。华奥的英语是第14名。这说明什么问题?是我们生源基础差的原因吗?我们比华奥学校的生源基础还差吗?

以上这些都是我们必须要翻越的高山,大家要心中有数。

第三,下学期的工作重点。

担当有为、狠抓落实是今年省委对各级党政事业单位的统一要求。我们新学期的工作总基调就是狠抓落实,必须把上级政策、学校决策、发展对策真正落到实处。具体把握一个"突出"、做到两个"坚持"、抓好五个"落实"。

一个"突出":就是要突出高考备考。高考质量是高中学校的生命线,没有高考成绩就没有学校的生存空间、发展空间。因此,新学期我们要全力以赴抓好高考备考各项工作,努力为高考备考创造最好的环境、最优的条件,确保实现既定目标。

两个"坚持":

一要坚持党建引领。坚持党建引领是做好学校各项工作的总要求。主要突出三个重点。一是提高政治站位。要坚持用党的十九大精神和习近平新时代中国特色社会主义思想武装头脑,用党和国家的方针政策指导实践,切实提高站位,保持正确的方向。二是立足加快发展。党建的核心要义就是加快发展,党建的成果必须体现到学校发展上,否则党建就是无源之水、无本之木。三是突出改进作风。党员干部、教师要遵守党的纪律,坚守党的规矩,践行党的宗旨,弘扬党的优良作风。在工作中以身作则,率先垂范,带着大家干、干给大家看,充分发挥示范带头作用。

二要坚持既定的发展思路。主要做到三个不动摇。一是坚持"和美"教育发展理念和一个目标、两个弘扬、三个优化、四个围绕、五项工作重点的发展思路不动摇。二是坚持领跑普通高中、比肩重点高中、创办现代优质高中的发展定位,坚持工作站位高、工作标准高、工作要求高、工作效率高不动摇。三是坚持干好事、不出事的工作原则,成绩只能上、不能下的工作标准,发展没有最好、只有更好的工作追求不动摇。

五个"落实":

一要真正落实管理优化。主要抓好三个方面。一是有头有尾、有始有终。就是不管干什么,都要事先有方案、事中有督查、事后有总结,不能有头无尾、有始无终。二是即知即办、立说立行。就是不管什么事,必须提高效率,限期完成,不推不拖。三是依纪依规、有章有法。就是不管怎么干,都要严格执行政策、遵守规矩、遵照程序,不能出现问题。

我在这多说一句,我们连续召开中层干部会,要求全体中层干部履职尽责、积极主动、担当作为。就整体而言,我校的中层干部素质比较高、能力比较强,绝大多数干部能够尽心尽力、尽职尽责地完成工作任务。但即便是这样,还是有个别干部存在问题。问题之一是工作用心、用力不够,表现为工作职责不清,因循守旧,思考不深、思路混乱,力度不够、进展缓慢,方法不适、效果错位。问题之二是工作积极主动性不够,表现为等待命令、等待指派、等待催促,不能靠前汇报、超前谋划、提前工作。问题之三是工作担当作为不够,表现为有的对所属人员管理不到位,出现严重的失职问题;有的把问题归因给别人,不主动检讨自己;有的工作推诿拖拉,不能及时完成,甚至影响学校的整体工作安排。校委会对此类问题非常不满意！

二要真正落实教学优化。主要抓好三个方面。一是认真研究政策。新高考、新课改政策变化频繁，我们必须及时研究、广泛学习、深入交流、把握动向、及时调整，保持正确的方向。二是真正优化教学管理。课前要落实"四备、三思、两研讨"，真正钻深、研透，备好课；课中要落实常规课、改革课、示范课三类课，落实"五点"创新课堂，探索改进教学模式方法，真正因材施教，上好课；课后要落实好作业分层批改、监测分析反馈、弱科边缘辅导，真正指导矫正，补好课。三是严格落实教学考评。结合教学优化积分管理办法的实施，进一步加强教学过程考评，拉紧教学链条，推动步步升级。

三要真正落实教师成长。主要抓好三个方面。一是抓好业务学习。开展读书活动，引进专家授课，组织外出考察，督促总结交流，让老师增知识、长见识。二是抓好业务训练。开展业务活动，组织业务竞赛，搭建展示的舞台，培养教学专长，让老师增能力、长本事。三是抓好业务研究。开展学科研讨，促使老师写好教学反思，参与研究课题，撰写论文论著，让老师增素养、长学识。通过综合施策，促进教师成长，壮大名师群体。

四要真正落实学生成长。主要抓好三个方面。一是找准学生升学的增长点。坚持以文化课为主体，以春考、艺考为辅助，分层教学、多层发展，注重品德，全员育人，为学生搭建成人成才的"立交桥"。二是找准学科教学的突破点。要针对薄弱学科和学科特点，适当开设学科校本课程，找准突破口、把住着力点，精准施策，扭转薄弱学科落后的局面。三是找准提升质量的关键点。要深入分析高考政策，针对我校学生实际，找到提升教学质量的关键对策，抓紧、抓实、抓牢，一抓到底，抓出成效。

我在这强调一下招生问题：好生源是高质量的关键。希望老师们把自己和亲属的子女放到咱学校，同时积极做好老家老乡的优秀生招生。全体干部要个个有任务、人人有指标，努力多招优秀生。为了生存发展，请大家务必要尽心尽力。

五要真正落实幸福校园建设。主要抓好三个方面。一是让老师安心。时刻抓好安全、和谐、稳定，创造良好的校园环境；积极改善办学、办公条件，创造良好的工作环境。努力为老师解决生活难题，让老师从教安心。二是让老师顺心。健全工作制度，创造公平公正的氛围；理顺运作机制，搭建风清气正的平台；完善绩效考评，落实付出有回报，让老师从教顺心。三是让老师开心。关注老师的身体健康，暑期安排体检；关注老师的精神生活，利用节假日开展主题活动，缓解压力，调节身心；关注老师的切身利益，及时发放绩效奖金福利，让老师们满意。

下面说说老师们关心的奖金福利问题：

一是关于高考奖金。我知道老师们着急，担心奖金没有了。我也很着急，年前年后我已经去教育局跑了不下五次，局长也向市政府积极争取，但是因为市财政实在困难，所以一直没给。市里不给，我们也没法发。因为市里给奖金，同时也相当于给政策，就是允许你发。市里不给、不许发，我们不能私自发。再者说，去年我们费了九牛二虎之力去市里要生均经费，好说歹说总算12月底拨给我们了，但是市里拨的经费只能用于运转和基建维修购置支出，不能用于发绩效奖励、奖金补贴，发奖励除了市里专门给的奖金之外，只能用学杂费。而年前，我们用学杂费列了全部支出，就是想发也没钱。年后，我去找局长，局长说近期市领导巡视高考备考，带着高考奖金来。请大家放心，奖金一定不会没有的，请大家再耐心等等。

二是关于高考奖励政策。我们力求公正公平，力求简便易行好操作。在奖金总数上，以上一年的奖金数为基数，今年完成的高考任务，成绩提高了增加奖金，降低了减少奖金。在奖金分配上，按照高考贡献率来计算，一个名牌大学两个基数，一个重点大学一个基数，一个普通本科0.5个基数，一个艺体、春考本科0.25个基数。总奖金数除以总基数就是一个基数的奖金数。一个级部、一个班级有多少高考贡献基数就有多少奖金，简单明了。

三是关于绩效工资。年前，我们召开教代会，讨论通过了全员绩效工资制度改革方案。这个方案的特点有五个：

(1)贴近政策。在目前的形势下，学校只有通过考核，按考核结果分等级发放绩效工资是符合政策的。平均按人头发补贴不符合政策，是绝对不行的。因此，这个方案比较贴近政策，可以规避风险。

(2)涵盖全面。这个方案通过德、能、勤、绩四项考核，包括年级、班级、学科、处室等各类工作单元，包括干部、教师、职员各类工作人员，涉及教学、管理、服务、值班、加班等各类工作行为，将学校工作的方方面面全部涵盖在内。

(3)化整为零。我们把绩效工资发放分为月发、期发和年发，能按月发的尽量按月发，这样可以及时兑现绩效，让老师们及时明了绩效，随时享受获得感。

(4)分工明确。这个方案同时明确了考核办法、考核机制、考核标准、职责分工，便于操作。

(5)讲求时效。这个方案规定了绩效考核的时限和发放的时限，力求考核及时、汇总及时、发放及时。比如对于质量考核，方案要求联考成绩公布后10日内出结果。对于按月发放的绩效工资，方案明确要求每月5日前汇总完毕，每月10日前发放到位。希望相关年级、处室按照方案及时考核、及时汇总、及时完成、及时报送结果、及时发放兑现，谁耽搁了谁负责。

老师们、同志们：学校目前处在跨越发展、提档升级的关键期，历史的责任落在了我们的肩上，我们义无反顾、责无旁贷。我们要以等不起的机遇意识、慢不得的忧患意识、坐不住的责任意识，俯下身子苦干、甩开膀子实干、撸起袖子加油干，努力创造更加优异、更有分量的高考成绩，奋力开拓逆境图强、跨越发展的崭新局面！

心路

我走上校长岗位一个学期之后，这是真正意义上开始的新的一年。任职半年来，我拟定出台了一系列新思路、新制度、新措施，并经教代会审议通过。教代会是个“好东西”，一般学校不太重视，很少开。其实它是校长管理的“杀手锏”之一，用好了会有意想不到的效果。校长的想法、思路、措施要想顺利推行，通过教代会上升为学校意志是一条有效的路径，也是一条最安全的路径。年前专门召开了一次教代会，我任职以来拟定出台的思路、制度、措施等在教代会上讨论通过了，而且破天荒地以红头文件编号印发并层层传达，郑重其事，干部、教师的重视程度“直线飙升”。

学校管理离不开精神和物质两方面的刺激。本次会议实施了两个精神刺激、一个物质刺激。

精神刺激之一是部署新政新策，强化认同，推进落实。新年、新春、新学期开学，例行召开全体教职工大会，这是一个推进落实新想法的良好契机。我在会上用大量的篇幅解读新的工作思路、工作标准、工作要求，并着重指出如何加以落实，力求让这些新理念入脑、入心。

精神刺激之二是讲清形势和问题，居安思危，凝神聚力。我任职之前，学校处于发展高位，教学质量达到历史高点，导致全体干部、教师产生了一定的骄傲自满情绪，觉得学校目前的一切“无懈可击”。其实，学校经过近十年的发展，已经积累了大量的矛盾和问题，国家的高中教育发展政策也发生了根本转变，如果认识不到这些，解决不了问题，必将影响学校的进一步发展。因此，我任职以来，在各种场合不停地讲学校面临的严峻形势和存在的严重问题，目的是培养干部、教师的忧患意识，以“外部压力”传导凝聚形成“内部合力”，保证新理念的推进落实。

物质刺激是讲解绩效方案，明确奖罚，安定人心。年前，本校借鉴兄弟学校的经验，结合学校实际，重新拟定了高考奖励政策和绩效工资方案。本次会议对此进行了全面解读。新绩效工资方案取消了部分不合理的绩效工资发放项目，保留和新设的项目按照“德、能、勤、绩”重新归类，与新调整的管理要求全面匹配，力求精准发力，“好钢用在刀刃上”，为管理措施的推进提供强力的支撑，为新理念的落实保障兜底。

本次会议通过精神和物质双重刺激，为老师们加了压、鼓了劲，推动学校不断发展。

场景十四

百日誓师，要说热血沸腾的冲刺话

场景

2019年2月24日，全校师生齐聚和美楼前青春广场，举行高考百日誓师大会。高考百日誓师，我作为校长必须要说话，还必须要说让全体师生特别是高三师生热血沸腾的话。

说 话

又是一年春风起，再到高考冲刺时。今天，我们在这里隆重集会，举行2019届高考百日誓师大会，我很高兴能和大家一起共度这个具有重要意义的时刻。

近年来，我校高考连创佳绩，本科上线实现六年连续增长，特别是2018年，我校高考一本上线137人，二本上线280人，春考上线234人，艺考上线225人，上线总量达到739人，创造了新的历史纪录，学校呈现出持续、健康、和谐发展的良好势头。这是各级领导、社会各界和全体家长朋友大力支持的结果,更是综合高中全体师生逆境图强、奋力拼搏的结果。在此,我代表学校向积极支持学校工作的各位家长表示衷心的感谢,向潜心教书、全心育人、辛勤工作的全体教师致以崇高的敬意,向勤奋学习、拼搏进取、全力争胜的全体同学致以高度的赞赏!是我们大家共同创造了综合高中的辉煌,大家辛苦了,感谢大家!

成绩代表过去,拼搏铸就未来。2019年,我校制定的高考目标是:重点本科上线力争超过150人,普通本科上线力争超过350人,加上艺体、春考,本科上线总量力争突破800人。要完成这个光荣而又艰巨的任务,需要全体高三教师、全体学生家长、全体高三学生齐心协力,拧成一股绳,携手并肩,一起闯过终点。

作为高三教师,我们和学生一起站在百日冲刺的起点。面对家长望子成龙、盼女成凤的期望,面对全体高三学生考入理想大学的渴望,我们责无旁贷,我们义无反顾。我们唯有振奋精神、鼓足干劲、竭尽所能、拼尽全力。

百日冲刺,我们要发扬勇往直前的“亮剑”精神。高考是一场战役,并且是一场非常残酷的战役。我们必须坚守严谨、务实的传统,必须弘扬逆境图强的精神,面对严峻的挑战敢于出手,面对强大的对手敢于“亮剑”,以勇往直前的精神战胜一个又一个困难,创造一个又一个奇迹,拼出一片新天地,夺取一场新胜利。

百日冲刺,我们要发挥团结协作的集体智慧。高考备考是一场集体智慧的协同战,需要我们同心同德、群策群力。高三年级部、各学科委、各学科组、各任课教师要统一思想、统一步调,相互协调,团结协作,充分发挥集体智慧,凝聚集体力量,认真研究高考动向,积极改进备考策略,不断提高备考的针对性和有效性,努力创造最佳的备考效果。

百日冲刺,我们要播撒爱满天下的师者情怀。师者父母心,老师就像学生的家长一样,对每一位学生都倾注全部的心血,付出全部的爱心。我们要关心每一位学生的生活,关注每一位学生的学习,关爱每一位学生的进步。心系高考、心系学生，全心全意、尽职尽责，用满腔的热情去做好每一件工作，用无私的爱心去托起每一位学生的梦想。

作为学生家长，我们和孩子一起站在百日冲刺的起点。高考是孩子人生中面临的第一次考验，高考能否成功、成绩如何，在很大程度上决定着孩子未来的发展。对于一个家庭来说，有孩子参加高考是天大的事情，是压倒一切的事情。作为考生家长，建议大家配合学校、配合老师，创造最优的条件，提供最大的帮助，营造最好的环境，为孩子能够考出好成绩而作出最大的努力。

作为家长，要保证孩子的身体健康。身体健康是学生能够完成学习任务的前提，是学生能够顺利完成高考的保证。所以，各位家长要尽可能地为孩子提供好一点的生活条件，保证孩子成长发育有足够的营养；要尽可能督促孩子加强体育锻炼，保证孩子有一个健康的体魄，足以应对高考的考验。

作为家长，要关心孩子的发展进步。花开百朵，朵朵不同，合适的就是最好的。每一名学生都是一颗生命的种子，我们要做的就是帮他们寻找合适的发展空间，提供合适的发展条件，让他们能够健康成长，长成最好的自己。为此，学校给学生设立了普通考、艺考、春考等“套餐”，目的就是开辟多条路、架设立交桥，让更多的孩子能够考上理想的大学。作为家长，要多帮助孩子，多督促孩子，让孩子有更好的发展，更大的进步。

作为家长，要减轻孩子的学习压力。面临高考，学生心理紧张，压力巨大。因此，家长要学会给孩子减压，不要过多地批评孩子，不要抱怨孩子，不要一个劲儿地要求孩子考高分，这样会进一步增加孩子的心理压力，造成孩子心态失衡，更不利于孩子的考试发挥。家长要多与孩子平等地交流，多关爱孩子，多陪伴孩子，做孩子的好朋友，让孩子有一个良好的心态，更加从容地应对高考。

高三的同学们，高考对你们来说至关重要、意义深远。经过高一阶段的起步跑，高二阶段的中途跑，高三上学期的加速跑，现在，我们站在了百日冲刺的起跑线。老师和你们在一起，家长和你们在一起，希望你们坚定信心，明确目标，奋力拼搏，勇往直前，以最快的速度、最勇敢的姿态冲过终点、冲向未来。

冲刺高考，一定要有必胜的信念。信心是动力的源泉，是成功的保证。狭路相逢勇者胜。面对高考，我们一定要保持必胜的信念，勇敢地接受挑战，不畏惧、不犹豫、不彷徨，朝着自己的既定目标勇往直前、一路高歌。

冲刺高考，一定要有奋斗的目标。目标是引航的灯塔，是努力的方向，是前进的动力。面对高考，同学们一定要确立好自己的目标，以坚韧不拔的意志，以攻坚克难的勇气，一步一个脚印，踏踏实实前进，在不断地攀升中提升自我、成就梦想。

冲刺高考，一定要有科学的方法。好的方法是成功的捷径。在复习备考中，同学们要讲究科学、有效的方法，提高学习效率；要合理安排作息时间，保持充沛的精力；要找出自己的弱科、弱点，精准、有效地查漏补缺；要熟练掌握应试策略，掌握规范的答题技巧，保证高考中能够发挥最高水平。

冲刺高考，一定要有积极的心态。好的心态是成功的法宝。只有保持平和的心态，才能保证在高考中发挥得好。同学们要学会调适自己的心理，以平常心看待一切，保持积极、乐观的心态，全身心投入到高考复习中来。冲刺高考，心无旁骛，鼓足干劲，奋力苦战。让自己化作一条闪电，冲破一切艰难，打破一切险阻，以摧枯拉朽的态势、昂扬向上的身姿冲向成功的彼岸。

家长们、老师们、同学们：高考冲刺的发令枪已经打响，高考冲刺的冲锋号已经吹响，让我们携手并肩，共同努力，用拼搏的汗水铸就高考新丰碑，用奋斗的心血谱写高考新篇章！

心路

高考百日誓师,目标、老师、家长、学生,一个都不能少。目标要更高、更远,能够激发斗志,点燃奋斗激情;老师要用心用力,倾注全部心血,敢于攻坚克难;家长要爱护包容,保证孩子身体健康,减轻思想压力;学生要拼尽全力,战他个惊天动地,拼他个无怨无悔。

高考百日誓师的目的就是发出冲刺的号令,点燃冲锋的豪情,打造一支攻无不克、战无不胜的“虎狼之师”!

场景十五

女神节日，要说有情有趣的体己话

场景

2019年3月8日，“三八”国际劳动妇女节，学校组织全体女教职工举行庆祝活动，邀请我参加并让我讲话。这样的节日，我不能板板正正地讲，必须要调整角色，说些女老师能够听进去的体己话。

说话

今天受邀和大家一起庆祝“三八”国际劳动妇女节，我心里感到非常高兴。首先，我代表学校和我本人向在座的各位女神致以节日的问候和美好的祝愿，祝愿大家节日快乐、身体健康、阖家幸福、万事如意！

作为校长，我想对大家表达三方面的心情：

一是表达一下感激之情，感谢大家辛勤付出。人们常说，妇女能顶半边天。对我们学校来说，职工一共有350人，女同志就有200多人,超过半数,大家顶起了多半个天。更可贵的是,大家在不同的岗位上都表现出了良好的品质、专业的素养、高超的能力。用辛勤的汗水教出一批批好学生,创造一个个好成绩,帮助学校实现一次次新发展。大家辛苦了,感谢大家!

二是表达一下钦佩之情,佩服大家有出色的表现。咱们学校的女同志给我的印象是:性格上大方直爽而不失温婉雅致,作风上雷厉风行而不失精巧细致,生活上简洁干练而不失情趣兴致。尤其是在工作上,无论是工作态度表现、工作业绩表现,还是工作配合表现,可以说大家巾帼不让须眉,展现出新时代职业女性的傲人风采。大家很出色,我佩服大家!

三是表达一下期待之情,期望大家有更好的表现。当前我们学校正处在负重爬坡的关键阶段、跨越前进的关键节点,要实现我们的理想和目标,离不开全体女同志的共同努力。希望大家把学校的生存发展扛在肩上,把学校的荣誉尊严放在心上,勤奋钻研,扎实工作,再接再厉,再建新功。大家很重要,我期待大家!

作为朋友,我想给大家提出五方面的建议:

一是像爱护眼睛一样爱惜自己的身体。新时代的女性既要工作,又要顾家,上得厅堂、下得厨房,如果没有好身体,一切都无从谈起。大家一定要积极参加锻炼,保持身体健康,保障生活幸福。

二是像夸奖情人一样夸赞自己的爱人。大家不要误会,我是说大家都谈过恋爱,都是从情人变成了爱人,恋爱的时候眼里都是对方的优点,甚至缺点都是优点。如果你经常真心实意地夸赞自己的丈夫,丈夫就会更爱你,你会成为一个幸福的女人。

三是像善待亲人一样善待丈夫的家人。俗话说,家和万事兴。而家和的关键是婆媳。你如果是婆婆,要把媳妇当女儿;你如果是媳妇,要把公婆当父母。彼此爱护,又彼此尊重。如果你尊重、孝敬你的公婆,你的丈夫会非常感激你、更加呵护你,你的孩子也会更加尊重你、孝敬你。这样一家人才能相亲相爱、和谐幸福。

四是像对待朋友一样优待身边的同事。佛说：前世的五百次回眸，才换来今生的擦肩而过。大家在学校一起工作几年、几十年，这是一种非常难得的缘分，大家理应像家人一样和睦相处、相伴相随、荣辱与共，像朋友一样知心交心、互谅互让、互帮互助。大家应该共同维护学校这个大家庭的和顺、和谐、和美。

五是像经营花园一样经营美好的生活。生活就像花园，百花次第绽放，各展馨香风采；山水楼阁铺陈，各显天工精奇；四季轮回展开，各有绝妙风景。大家要用心经营，让自己的生活像万花一样美好，让自己的心情像万木一样葱茏，让自己的阅历像万山一样厚重，让自己的人生像万水一样丰盈。心中有天地，每次远行都顺风；心中有仁爱，生活天天有光明。如此，有健康和谐的身心奠基，有相亲相爱的家人相伴，有知心交心的朋友相随，有丰富多彩的生活相遇，人生便是一次奇妙的旅行。

最后，祝愿当婆婆的都顺心、当媳妇的都开心、当母亲的都放心，特别要祝愿我校那些还是单身、温柔美丽的“大白菜”，早点找到可心可意、英俊潇洒的那个可爱的“猪八戒”！

祝大家过一个快乐难忘的“三八”国际劳动妇女节！

心路

我校女老师人数超过200，占比接近60%，并且以中青年为主，这绝对是一支举足轻重、不容忽视的队伍。都说妇女能顶半边天，我校的女老师顶了多半边天。

都说女人要“哄”，女老师也要“哄”。借着“三八”国际劳动妇女节，我用校长的身份夸奖她们，用朋友的身份关心她们。首先，我以校长的身份对她们“一顿猛夸”。夸她们工作能干，能力强，贡献大，顶起了学校多半边天；夸她们性格好、作风优、会生活，巾帼不让须眉。趁着大家心里美滋滋的，我顺势提出希望她们再接再厉，再建新功。

其次,我又以朋友的身份对她们表示关心。关心她们的身体健康、夫妻和谐、家庭和睦、同事和顺、生活和美,希望她们像经营花园一样经营好自己的生活,“让自己的生活像万花一样美好,让自己的心情像万木一样葱茏,让自己的阅历像万山一样厚重,让自己的人生像万水一样丰盈”。

最后,我又“幽默”了一把,祝愿学校那些温柔美丽的单身“大白菜”早日找到可心可意、英俊潇洒的“猪八戒”,引起全场的哄然大笑和热烈掌声。

我相信大家都过了一个难忘的“三八”国际劳动妇女节。

场景十六

民主发言，要说自我批评的虚心话

场景

2019年5月27日，学校召开领导班子民主生活会。民主生活会是党内非常严肃的政治活动，尤其我作为班长，要带头进行自我剖析发言。大家敞开心扉，畅所欲言，会议开得很成功。

说 话

根据各级关于开展"两学一做"活动和学校民主生活会的要求，通过认真学习习近平总书记系列重要讲话精神和党章党规党纪条例，结合自己的思想实际和工作实际，认真进行对照检查和自我剖析，经过与其他班子成员相互谈心、相互交流、相互批评，我找出了自身存在的问题和产生问题的原因，明确了努力的方向和改进的措施，现将有关情况报告如下：

第一,自身存在的问题。

一是学习钻研意识不强。面对教育改革发展的新形势、学校创新发展的新常态,不能够扎实、深入地学习国家有关政策,积极、主动地学习其他学校的先进经验和做法,自觉、有效地学习先模人物干事创业的能力和本领,常常“临时抱佛脚”。

二是拼搏进取意识不强。随着自己工作资历的增加,觉得各项工作都摸透了,思想上不思进取,工作中不愿意吃苦受累,放松了工作要求。面对学校一些长久形成的问题、体制机制的问题,没有勇气打硬仗,常常“遇事绕道走”。

三是责任担当意识不强。工作总是求稳怕乱,怕改革创新搞乱套,特别是在人事制度改革、教师资源配置等重大问题上,思想上不够大胆,措施不得力,体制机制创新不够,解决问题的办法不多。有时候班子成员和中层干部的工作不到位,我也不愿意批评,怕得罪人。有时候发现一些教师体罚学生等问题,只是通知相关人员谈话批评,不作进一步处理,常常“对事不对人”。

四是无私奉献意识不强。我觉得自己工作30年了,勤勤恳恳、兢兢业业、扎扎实实、辛辛苦苦,有付出、有汗水、有成绩、有贡献,产生了满足心理。现在处于学校负责人的位置,我觉得有事可以安排给副职和科室主任、年级主任去干,自己没必要事必躬亲,工作喜欢按部就班,不愿意加班加点,常常“按点上下班”。

第二,产生问题的原因。

一是自我要求不高。自己满足于有一定的工作实践和工作经验,对加强理论学习、不断提高工作能力缺乏足够的认识。与习近平总书记提出的“一个领导干部要做好本职工作,一刻也离不开理论学习”的要求有很大差距。

二是服务意识不强。我觉得自己出身农村,干过农活,吃过苦、受过累,对老百姓有感情,但实际上对百姓的诉求越来越不了解,与群众的感情越来越远。根源在于全心全意为人民服务的宗旨意识不强,不能把自己的一切奉献给群众。

三是党性修养不深。自认为每天全身心地投入工作中就满足了，没有在党性党风党纪方面为自己树立一个更高的标杆。对照焦裕禄、孔繁森等领导干部的楷模，深感自己的事业责任感不强、担当不够，还没有把职责尽好。

四是自我约束不紧。思想上、工作上把自己等同于一般党员，降低了工作标准，放松了自我要求，轻视了自我约束，弱化了对一些“四风”问题的抵抗能力。

第三，今后努力的方向。

一是加强政治学习，提高政治站位。扎实学习党的十九大精神和习近平总书记系列讲话精神，牢固树立“四个意识”，增强“四个自信”，做到“两个维护”，不断加强党性修养，提高政治站位；强化责任担当，提高思想境界；增强能力本领，提升服务水平。坚持“工作站位高、工作标准高、工作要求高、工作效率高”的“四高”标准，从自身做起，与其他班子成员互相尊重、互相理解、互相支持、互相配合，扎实、高效地做好本职工作。

二是履行党建职责，发挥引领作用。认真落实“三会一课”等党建工作制度，认真开展“党员活动日”“两学一做”等学习教育活动，注重加强基层党支部建设，充分发挥基层党组织的战斗堡垒作用。注重加强党员干部思想作风、工作能力建设，充分发挥党员干部的先锋模范作用，引领全体教职工紧紧围绕党的教育方针，认真落实国家教育发展政策，始终在党的指引下开展工作。

三是创新学校管理，促进提档升级。面对教育发展的新形势，面对学校发展的新问题，明确学校“领跑普通高中、比肩重点高中、打造现代优质高中”的目标定位，进一步创新“和美”教育学校发展理念，实践“12345”工作发展思路，落实“管理优化、教学优化、教师成长、学生成长、幸福校园”工作重点措施，以“促进学校提档升级，让更多老百姓的孩子考上理想的大学”为己任，坚定实施分层教学、因材施教战略，积极探索在普通高中师资、生源、条件下的特色发展之路,倾力搭建学生成才"立交桥",着力打造全市、全省乃至全国一流高中。

四是优化机制体制,激发发展活力。以抓实质量、抓牢安全、抓强队伍、抓好作风为主线,建立总支委成员分工负责制,加强行政管理;建立校委会领导下的级部负责制,加强年级管理;建立学科委领导下的学科组负责制,加强教学管理;建立学校、年级、政教三级巡查制度,加强过程管理。定期召开校委会、教代会,落实"三重一大"集体决策制度。配套推行教师聘任制、绩效考核制、一岗三责制(工作、党建、安全维稳),调整管理架构,规范管理流程。改进管理方式,提高管理效能。强化绩效考评,增强发展动能,推动学校持续、健康、和谐、稳定发展。

五是强化纪律规矩,锤炼良好作风。从自身做起,要求全体干部和教职工认真落实中央"八项规定"和各级关于加强党风廉政建设的意见,强化组织纪律和政治规矩,做到围绕中心、服务大局、政令畅通、令行禁止;强化工作纪律和责任规矩,做到严格制度、盯班盯岗、履职尽责、教书育人;强化财经纪律和廉洁规矩,做到严格手续、层层把关、明确责任、堵塞漏洞;强化生活纪律和品德规矩,做到严格自律、端正"三观"、坚守底线、拒腐防变,着力打造一支忠诚、干净、有担当的干部、教师队伍。

总之,在今后的工作中,我将紧紧围绕学校发展大局,从全体师生不满意的事抓起,从全体师生最希望办的事做起,切实改进作风,务实工作,努力向党和人民交上一份合格的答卷。

心路

民主生活会是学校党建的"规定动作",一年一度,必须要开。因为我是第一次主持召开这样的会,所以我非常小心,生怕出一点错。怎样才能保证万无一失呢?我抓了三点:

一是材料严格把关。要求全体班子成员严格按照上级下发的发言提纲,认真撰写发言材料,并由党建办和政研室进行审核把关,确保符合标准要求。

二是意见高度一致。对于班子成员之间互相所提的存在的问题和意见、建议,必须事先进行面对面的充分的沟通交流,征得对方认可,达成一致意见,保证发言质量。

三是程序规范落实。事先安排党建办会同办公室反复研究上级下发的会议方案,对照规定的程序,逐条、逐项、逐个环节研究分析,不放过任何一个细节,确保会议顺利召开。

第一次民主生活会开得非常圆满。但是我事后想来,总感觉缺了点什么,肯定还有改进的空间。

场景十七

考前动员，要说助威壮行的祝愿话

场景

2019年6月3日，全体师生在学校和美楼前青春广场庄严肃立，举行高考前的一次升旗仪式，我做高考战前动员。

说 话

今天的升旗仪式非比寻常。再过几天，高三的同学们就要走进高考考场，接受人生第一次大的考验。在此，我代表学校全体老师和高一、高二全体同学，为你们呐喊助威、擂鼓壮行！

回顾三年的高中生活，同学们收获满满，我觉得应该有四个方面。一是学会了学习。高中三年，同学们在各学科老师的精心指导下，知识不断丰富，成绩不断提高，身体不断成长，学业不断进步，为进一步深造打下了坚实的基础。二是学会了思考。高中三年，同学们在班主任和纪律生活老师的悉心教导下，培养了道德观念、是非观念，增强了纪律意识、规则意识。这些都是一个人适应现代社会生活所必须具备的成熟思想和高贵品质。三是学会了自立。高中三年，同学们在与老师、同学的密切交往中，学会了如何与人相处、如何独处，学会了谦虚礼让、文明礼貌。这些都是一个人适应现代社会生活所应该具备的言行品格和宝贵素质。四是学会了感恩。高中三年，老师像父母长辈一般爱护你、教育你，同学像兄弟姐妹一般关心你、帮助你。这点点滴滴都将融入你的生命，永远温暖着你的心。高中三年的生活，高中的老师和同学必然会成为你一生的珍贵回忆、一生的宝贵财富。

高中三年，同学们经过千锤百炼，用青春的风采装点了学校，用拼搏的汗水滋养了学校，学校感谢你们！

对于即将到来的高考，老师已经给了同学们很多很多的指导和建议，在此，我只想给同学们说几句话。一是要从人生发展的高度来俯视高考，保持一颗平常心。在我看来，人生百年可以分成求学、创业、守成、安享四个阶段，每个阶段25年。高考只不过是25岁之前求学阶段的一个重要节点而已。以后的路还很长，机会也很多，各种考验会更多，一切皆有可能，一切都还来得及。因此，你们不必惊慌失措，不必患得患失，要锻炼一颗大心脏，保持一颗平常心，轻轻松松去应考。二是要用大局已定的心态去面对高考，保持一颗自信心。成功在于积累。你的学科知识、能力素养、意志品质积累到什么厚度，决定了你最终能够达到什么样的高度。通过三年的努力走到今天，你的高中积累已经完成，可以说大局已定，只要能把全部的能量发挥出来，就能实现与自己水平相当的高考目标。因此，同学们要消除一切杂念，排除一切干扰，保持自信的心态，从从容容去应考。三是要调动一切力量去应对高考，保持一颗进取心。态度决定一切。不管什么事，只要用心去做、认真去做、想尽一切办法去做，就一定会取得理想的结果。高考是个技术活，需要策略、技巧、方法，要一条一条精心梳理，一项一项周密安排，调动一切力量，做好一切准备，把自己调整到最佳状态，神完气足地去应考。我相信同学们已经做好了最充分的准备，我相信同学们必能发挥出最完美的水平,我相信同学们一定能取得最理想的成绩!我期待着你们的成功!

对于即将开始的大学和社会生活,作为校长,我送给同学们三句贴心话,包括三个关键词。一要做到"坚持"。人生发展最快的脚步就是坚持。不管遇到什么挫折、什么打击,都要咬牙坚持不放弃,勇往直前不停步。不要遇到困难就轻言放弃,因为阳光总在风雨后,无限风光在险峰;不要受到诱惑就迷失方向,因为只有披荆斩棘、砥砺奋进,才能达成目标取得成功。二要做到"坚定"。人生发展最强的动力就是坚定。不管取得什么业绩、什么成就,都要谦虚谨慎不张狂,持续努力不懈怠。不要自高自大、目空一切,因为一山还有一山高,能人背后有能人;不要任性妄为、胡作非为,因为万事到头都是自作自受。只要瞄准正确的目标,坚定不移地走下去,就一定能成功。三要做到"坚守"。人生发展最大的后盾就是坚守。不管发展到什么境界、什么地步,都要心中有爱不冷漠,与人分享不独占。要坚守做人的底线,做到心中有爱,爱父母、爱家人、爱朋友、爱同事,爱所有正直善良的人,这样你的心灵才会被温暖,你的情感才会不孤独,你的人生才会不苍白。要坚守做事的底线,做到与人分享,学会合作、学会共享、学会包容、学会尊重你的对手,这样你的事业才能聚人气,格局才能够宽大,发展才能更长远。只要能够做到坚持、坚定、坚守,你们一定会拥有非凡、美好的人生。

同学们,海阔凭鱼跃,天高任鸟飞。三年的相识相知、相爱相守,让我们彼此结下了一生都无法割舍的缘分。将来,不管你们走多远、飞多高,老师是你们永远的坚强后盾,母校是你们永远的精神家园,学校将始终关注你们、牵挂你们、支持你们。期待着未来的你们能够功成名就、衣锦还乡,能够回到母校,报告你们的奋斗传奇。

最后,预祝全体高三同学旗开得胜、马到成功!祝愿我们学校2019年高考再上新台阶、再创新辉煌!

心路

高考之前的一次升旗仪式，高三年级邀请我给同学们讲几句话。我想，这既是战前动员，又是考前指导，同时还是三年高中生活结束前的一次送行。

既然是战前动员，我就必须激起全体同学勇往直前的高昂士气。我从同学们高中三年学到了什么入手，说明大家经过千锤百炼，已经本领傍身。但是最后少说了一句话：必将能够赢得高考的胜利！

既然是考前指导，我就必须提出科学、有效的考试策略。不能说太具体的考试技巧、方法，那个老师们已经说过很多了。我就从如何看待高考、面对高考、应对高考三个角度，讲了要俯视高考，保持一颗平常心；要稳定心态，保持一颗自信心；要积聚力量，保持一颗进取心。做到这三点，就能发挥出应有的水平。尤其俯视高考这一点，我说人生百年分为求学、创业、守成、安享四个阶段，每个阶段25年。高考只不过是25岁之前求学阶段的一个重要节点而已，以后的路很长，一切皆有可能，一切都还来得及，同学们不必惊慌失措，要锻炼一颗大心脏，保持一颗平常心，轻轻松松去应考。

既然是毕业送行，我就必须说些祝福和嘱咐的话。当时我重点说了三个关键词：坚持、坚定、坚守。作为临别赠言，这话倒是没什么毛病。但是我现在想，这一部分与整个活动的主题不太相符。

这次活动在高考前三天举行，唯一的主题应该是战前动员，呐喊助威，擂鼓壮行，最大限度地鼓舞士气，争取高考取得胜利。但无论是第一部分回顾总结同学们三年高中生活的收获，还是第三部分对同学们今后大学和社会生活的嘱托，都应该是在毕业典礼上说的话，与本次活动的主题不太相称，影响了活动效果。当时我了解到，按通行的做法，学生高考结束当天一律必须离开学校。这是因为怕学生考完再留在学校会无事生非，甚至打架滋事，产生不可预料的后果，因此，一般高中很少举办毕业典礼。我来之前,这个学校就从没有举办过毕业典礼。我当时想的是:既然是最后一次集体活动,就权当毕业前的告别,总结过往、祝福未来也顺理成章。

好在2019年的高考取得了比往年更好的成绩,没有受到我“有些不妥”的讲话的影响,更好在我提议的在7月份举办的学校史上第一次毕业典礼如期举行,算是将“功”补了“过”。

场景十八

外派监考，要说严明纪律的责任话

场景

2019 年 6 月 5 日，学校举行外派监考员培训活动。根据上级要求，学校派出 100 多名教师到外县担任高考监考员。为了保证高质量完成高考监考任务，出发之前，照例要召开培训会。

说话

出发之前把大家集合起来，目的是严明纪律，明确要求，圆满完成这次外出监考任务。一会儿，××局长还要讲意见，请大家认真遵照执行。下面，我代表学校提几点要求：

第一，认清形势，端正工作态度。

高考关系千家万户，关乎考生的命运，全国上下高度关注。尤其是今年，高考面临的形势非比寻常。一方面，今年是政治大年，五四运动100周年,中华人民共和国成立70周年,政治大事多、敏感节点多,从上到下都高度重视安全和稳定。另一方面,去年以来,山东频频发生考试违规事件,一大批人被处理,从省委到地方各级党政和教育主管部门召开了一系列考试安全会议,出台了一系列违纪违规处理意见。可以说,今年对考试安全的重视程度之高,是历年来从没有过的。大家一定要真正认清形势,真正提高认识,真正消除“无所谓”和“马大哈”的心理,千万别往枪口上撞!

第二,严守纪律,严肃考风考纪。

考风考纪是考试的生命线,不出问题就是最大的成绩。多年来,我校一直承担外出高考监考任务,老师们非常认真负责,没有出现过大的问题。但是今年不比往年,各级对于考风考纪反复强调,要求特别严格。对考场舞弊行为,从中央到地方各级都高度关注,高考出问题,严重的要追究刑事责任。近年来,个别地方在高考中发生了一些严重的问题,县长、局长、校长都受了处分,参与教师被开除公职。希望大家以如临深渊、如履薄冰的心态,严格遵守高考纪律,确保不出任何问题。

第三,严守规程,认真履行职责。

这次老师们去平原县监考,作为主监考,大家要严格按照高考操作规程,切实履行好监考职责。首先,要以公平公正的心态去监考,要用公正公平来保证考风考纪的落实,保证考试的顺利进行,保护自己的安全。其次,要按照监考员的职责去监考,严格按照考试流程、考试指令、考试要求进行规范操作,务实、高效地做好监考各项工作。最后,要按照以人为本的原则去监考,善意监考、诚意监考,维护良好的监考秩序。

第四,服从管理,保证不出问题。

主要注意三个方面。一要服从管理。一个人的行动会影响全局,大家一定要听从指挥,服从派遣,不能拖拖拉拉、随随便便。如果有事外出,必须经过领队允许,必须按时返回。遇到特殊情况要及时报告领队,由领导出面协调解决,不要擅自行动,避免造成不良影响。二要保持形象。大家出去就代表学校、代表禹城,一定要注意自己的言行,多宣传禹城、宣传学校,不该说的不说,不该做的不做,保持良好的形象。三要注意安全。大家在平原期间,一定要注意自我约束和自我管理,不乱吃东西,不滥吹空调,不喝酒熬夜,不接受同学、朋友私人宴请。注意交通和人身安全,保证不出任何问题,圆满完成监考任务。

心 路

以前我在教育局工作时,曾经多次参与高考组织、接待工作,多次接触过外地来承担高考监考任务的教师,深知“监考员”这一身份代表了什么,监考员的素质能力表现决定着什么、影响着什么、意味着什么。因此,我对派出教师到外地担任高考“监考员”高度重视,除了在培训会上千叮咛、万嘱咐之外,我还抓了三个关键点:

一是人员挑选。挑选那些“三观正”、素质高、能力强、日常表现好的教师,尤其不能派身体差、毛病多、爱挑剔、有劣迹的人出去,到时会给你惹很多麻烦,甚至捅娄子。

二是干部选派。外出监考活动要想顺利,关键取决于带队干部,要挑选群众威信高、管理经验多的干部带队,同时搭配服从指挥、认真负责的干部组成强有力的管理团队,共同承担管理任务。

三是分组管理。100多人的队伍,没有组织不行。按照10—15人一组,把全体监考员分成若干小组,明确一名小组长来负责本组人员的全面管理。小组长之上再设一名常务副领队,协助领队处理日常事务和突发问题,负责管理小组长。同时建立微信群通联和每日例会制度,提高管理效能。

尽管大家已经很用心了,但是还是不能做到“圆满”,好在出现的都是些小毛病,算不上大问题。

场景十九

中考报名，要说不负重托的恳求话

场景

2019年5月13日，县教体局召开中考招生报名会议，要求学校向全市初中校长介绍一下学校的招生方案。机会难得，只介绍招生方案没什么意义，作为普通高中，我们必须抓住一切机遇推介学校，争取各位初中校长对学校的支持。

说话

综合高中能有今天的发展，离不开教体局的正确领导和指导，离不开在座各位校长的大力支持和帮助。在此，我代表学校4800名师生向大家致以崇高的敬意和表示衷心的感谢！谢谢大家！

综合高中是普通高中，绝大多数学生是农村老百姓的孩子，综合高中是一所真正意义上的平民学校。我们每送出一名学生，就是为一个农村家庭点燃一份希望。我们有决心、有信心点燃更多的希望。

为了让孩子们成人,我们秉持“和美”文化理念,实行规范、严格的管理,实施系列养成教育,努力让每一个孩子都能调准人生的坐标,培养健全的人格,打好人生的底色。

为了让孩子们成才,我们探索实施分层教学、因材施教战略,普考、春考、艺考三足鼎立,为不同基础的学生提供不同的选择,努力让孩子们都能找到属于自己的成功之路。

为了让学校加快发展,我们分析面临的形势和挑战,坚定发展的信心和决心,发扬严谨务实的作风,弘扬逆境图强的精神,努力寻找和拓展属于自己的发展格局和跃升空间。

为了让发展能持续,我们注重目标引领,凝聚发展共识;注重学习借鉴,丰富发展思路;注重人才培养,夯实发展基础;注重优化管理,转变发展方式;注重优化教学,调整发展结构;注重绩效考评,增强发展动能;注重文化建设,提高发展品位。我们的发展目标是办和美教育、育时代英才;我们的发展方向是促进学校提档升级,创办现代优质高中。

为了让质量有提升,我们的干部夙兴夜寐、殚精竭虑,我们的老师夜以继日、宵衣旰食,我们的学生勤奋刻苦、奋力攀登。我们要用更多的心血、更多的汗水、更多的努力,来弥补先天的不足,争取教学质量的大幅度提升。2019年春节前德州期末联考,我校三个年级均取得理想成绩。2018级全市中考招生前1100名中共有37人,前2200名中共有400多人,这次考试分别增加到100多人和600多人。这是对各初中学校师生和广大家长信任、支持我校的最好回报,也极大地鼓舞了我们的发展信心。

今后,我们将认真贯彻落实此次会议精神,进一步强化工作措施,加大工作力度,提高工作水平,努力为禹城高考质量提升、禹城教育发展作出新的、更大的贡献。

最后,恳请市教育局进一步加强对普通高中的领导和关怀,恳请各位初中校长一如既往地给予我校大力支持和帮助。我们将全心全意、全力以赴,把自己的本职工作做实、做好、做强、做优,让每一名选择我校的学生不后悔,让每一个信任我们学校的家长不伤心,让每一位支持我们学校的朋友不失望。

心路

中考报名工作一般在中考前一个月组织,由县教体局召开一次专门的中考招生报名会,各高中段学校介绍自己的招生方案。带过高中的人都知道,生源是学校发展的"命脉",谁握有好生源,高考就成功了一多半,尤其是在夹缝中求生存的县域普通高中,最苦恼也是最致命的就是生源差。因此,每年的招生会都会上演"龙争虎斗"。本来占尽政策、生源、师资、办学条件优势的重点高中也"放下身段"抢生源,本来资本雄厚、条件优越、机制灵活的民办高中也使出种种招式抢生源。

为了博得初中校长的认可,我使出"浑身解数",说感谢、说定位、说工作、说业绩、说恳请,突出平民学校定位,"拉拢"农村校长;突出分层教学策略,吸引优秀学生;突出低进高出增值,印证人人成才。尤其是最后"不后悔、不伤心、不失望"的承诺,我感觉还是很有分量的。

场景二十

毕业典礼，要说情深意长的期待话

场景

2019年6月28日，全体师生和高三毕业学生家长在学校体育场举行高三毕业典礼。这是由我首倡、学校举办的首届高三毕业典礼，意义重大。作为校长，我必须要说些情深意长的话。

说 话

知道今天要分别，老天也变得有些儿女情长，掉下几滴惜别的眼泪，为今天的仪式增添一份特别的色彩。但同时，也给我们送来无比的清凉，让我们今天的活动更有内涵、更有魅力、更加纯净、更加从容。感谢上天！

在这个百花齐放、万木葱茏的季节，今天，我们欢聚在此，隆重举行2019届也是学校首届高三毕业生毕业典礼。首先，我代表学校向全力养育孩子成才、大力支持学校工作的家长朋友们表示衷心的感谢！向付出辛勤汗水、取得光辉业绩的全体高三教师表示崇高的敬意！向积极努力学习、以优异成绩毕业的全体高三毕业生表示热烈的祝贺！

今天,在这个激动人心的时刻,请允许我公布一下我校的高考成绩:今年我校高考实现新跨越,再上新台阶,创造了新的历史纪录！本科上线总量历史性地突破800人大关,达到810人,比去年增加71人;文化课本科上线304人,比去年增加24人;艺体、春考本科上线506人,比去年增加47人。可以说,我校特色办学再结新硕果,学校发展再创新辉煌。

经受过苦难会更坚强,经历过风雨会更努力。今年这个成绩是一项莫大的荣耀,是高三全体师生的荣耀,是学校全体师生的荣耀,也是全体家长朋友的荣耀。今年这个成绩是一个有力的回答:家长朋友不必担心,社会各界不必担心,三中不会倒下,综合高中只会发展得更好。今年这个成绩是一个有力的证明,证明我们的干部是好样的,老师是好样的,学生是好样的。我们全体师生团结一心、众志成城、逆境图强、拼搏奋进,有信心、有能力、有办法取得更好的成绩。

高中三年,同学们学会了学习、学会了思考、学会了自立、学会了感恩,建立了完善的人格,形成了独立的思想,拥有了深厚的关爱,奠定了发展的基石。高中三年,老师像父母长辈一般爱护你、教育你,同学像兄弟姐妹一般关心你、帮助你,学校像家庭一样护佑你、温暖你,这点点滴滴都将融入你的生命,永远温润着你的心。高中三年,同学们用青春的风采装点了学校,用拼搏的汗水滋养了学校,用不断的进步激励了学校,用优异的成绩渲染了学校,学校感谢你们。

高中毕业,十八岁,意味着成人,意味着可以离开父母的怀抱,自由地展翅翱翔;意味着可以“策马闯江湖,仗剑走天涯”。在今天这个特别的日子之后,同学们将踏入新的征程、面对新的挑战、开启新的人生。作为校长,我借此机会跟同学们分享几条自己的人生感悟,希望能够对同学们有一些启发。

第一条：面对人生的梦想与目标，要坚持再坚持。人生发展最快的脚步就是坚持。不管遇到什么挫折、什么打击，都要咬牙坚持不放弃，勇往直前不停步。不要遇到困难就轻言放弃，因为阳光总在风雨后，无限风光在险峰；不要受到诱惑就迷失方向，因为只有披荆斩棘砥砺奋进，才能达成目标取得成功。

第二条：面对人生的机遇与挑战，要坚强再坚强。人生发展最美的形象是坚强。只有让自己更坚强，才能在残酷的竞争中脱颖而出，才能在稍纵即逝的讯息中抓住机遇，才能在巨大的困难和挑战面前拖不垮、打不死、挡不住，夺得最终的胜利。可以说，谁拥有了坚强，谁就能够笑到最后，谁就是最终的强者，谁就拥有最美的人生形象。

第三条：面对人生的挫折与诱惑，要坚定再坚定。人生发展最强的动力就是坚定。不管取得什么业绩、什么成就，都要谦虚谨慎不张狂，持续努力不懈怠。不要自高自大、目空一切，因为一山还有一山高，能人背后有能人；不要任性妄为、胡作非为，因为万事到头都是自作自受。只要瞄准正确的目标，坚定不移地走下去，就一定能成功。

第四条：面对人生的责任与担当，要坚守再坚守。人生发展最大的后盾就是坚守。不管发展到什么境界、什么地步，都要心中有爱不冷漠，与人分享不独占。要坚守做人的底线，做到心中有爱，爱父母、爱家人、爱朋友、爱同事，爱所有正直善良的人，这样你的心灵才会被温暖，你的情感才会不孤独，你的人生才会不苍白。要坚守做事的底线，做到与人分享，学会合作、学会共享、学会包容，学会尊重你的对手，这样你的事业才能聚人气，格局才能够宽大，发展才能更长远。

只要能够做到坚持、坚强、坚定、坚守，你们一定会拥有非凡、美好的人生。

同学们，海阔凭鱼跃，天高任鸟飞。三年的相识相知、相爱相守，让我们彼此结下了一生都无法割舍的缘分和情怀。将来，不管你们走多远、飞多高，同学是你们永远忠诚的亲密伙伴，老师是你们永远依靠的坚强后盾,母校是你们永远向往的精神家园。学校将始终关注你们、牵挂你们、支持你们。期待着未来的你们能够建功立业、功成名就、衣锦还乡,能够实现梦想、取得成功、得到幸福,期待着那时的你们能够回到母校,报告你们的平凡感动,报告你们的人生得意,报告你们的奋斗传奇。

在此,我要对高一、高二的同学们说几句话:长江后浪推前浪,一代更比一代强。希望你们以高三的同学为榜样,学习他们、追赶他们、超越他们、战胜他们,努力取得更好的成绩,创造更高的纪录,夺取更大的辉煌,书写属于你们自己的精彩华章!

同学们、老师们、家长朋友们:团结起来力量大,众人拾柴火焰高。为了让更多禹城百姓的孩子考上理想的大学这一共同目标,让我们手牵手、肩并肩,齐心协力、共同奋斗,努力创造综合高中更加美好的明天!

心路

我总觉得,高中生活只有开学典礼,没有毕业典礼是不完整的。因此,我提出自2019年开始,为每一届毕业生举办毕业典礼,得到了校委会批准。

万事开头难,但只要重视、认真就不难。为了搞好首届毕业典礼,学校专门成立了组委会,我亲自挂帅,确定一名副校长负责,政教处牵头,教导处、办公室、团委等参与。大家热情的很高,高考结束仅仅10多天时间就完成了各项筹备工作。

2019年6月28日上午,禹城市综合高中2019届高三毕业典礼在学校体育场隆重举行。就像我在讲话中说的那样,也许知道今天要分别,老天爷也变得有些儿女情长,毕业典礼开始之前下了星星点点的雨,在暖场音乐《青春纪念册》《放心去飞》的衬托下,更是增加了一些特别的意味。

校长有话说

毕业典礼开始，升国旗、奏国歌，高二艺术生为即将离校的学长学姐献上开场舞《我们都是追梦人》，动感的节奏、激昂的旋律、优美的舞姿，瞬间将气氛推向高潮。

接下来，老师、家长、学生代表发言，学生向老师行谢师礼并献花，家长向学校献锦旗，校长寄语，为优秀毕业生颁发毕业证书和"和美"奖学金。签名赠言环节，高三优秀毕业生代表在一块长达30米的红色条幅上写下临别赠言，表达对学弟学妹的深深期待、殷殷祝福，激励他们奋进，并将此作为纪念传承永久保存。每一项活动都激动人心，引发热烈的掌声。

最后，在《红旗颂》音乐伴奏下，一名学生领读、全体学生齐声朗诵《少年中国说》经典语段，点燃了全体学生立志成才、报效祖国的坚定信念和澎湃激情。整个活动在高潮中落幕，所有人心情久久不能平静。

经历了2018年的"动荡"之后，2019年高考取得更好的成绩，2019年举办首届毕业典礼，更具有非比寻常的意义。这是学校已经走出"阴霾"、走上正轨、继续奋进的一个有力证明、一个完美标志，更是对各级领导、对社会各界、对全市人民的一个明确的回答、一个满意的交代。

事实证明，我们的干部、老师、学生都是好样的！我们的学校不仅不会倒下，还将发展得更好、前进得更快！

场景二十一

招生录取，要说逆境图强的决心话

场景

2019年7月6日，县教体局召开高中招生录取工作会议。作为校长，我要在会上向全体初中校长介绍招生情况和报名安排。这又是一次难得的宣传学校的机会。

说话

首先向大家汇报一下我校的高考成绩，这一级学生2016年中考全市前800名我校录取50人，今年我校一本上线114人；全市前1500名录取153人，今年二本上线304人；全市前2200名录取510人，今年本科上线总量达到810人。今年艺体、春考本科上线506人，比去年增加47人，增长率为10.2%。今年我校本科上线率达到55%，比去年(49%)增加了6个百分点。我校的高考成绩稳中有升，基本完成了预定的任务目标。

综合高中能取得这样的成绩，离不开教育局的正确领导和指导，离不开在座各位校长的大力支持和帮助。在此，我代表学校全体师生向大家致以崇高的敬意、表示衷心的感谢，谢谢大家！

今年我校招生共录取1199人。其中文化课录取1179人，艺体特长生录取20人。新生报到时间为7月8号、9号两天，相关录取材料及报到须知已发给大家，请大家认真查对，及时发放，认真填写相关表格，保证新生报名工作顺利进行。今年的变化：一是实行银行卡交费，用建行一卡通；二是需要填写详细的考生登记表，便于分班管理；三是建立空中课堂，便于初、高中衔接指导，请大家协助安排好。学校已经做好了充分的准备，热切地迎接各学校领导和学生家长的到来。

今后，在现有招生政策不变的前提下，我们争取一本上线率、二本上线率、本科上线率实现连年增长。

为了实现上述目标，一方面，我们必须苦练内功，不断壮大自己。我们将继续秉持“和美”文化发展理念，严格规范管理，落实养成教育，努力让每个孩子都能夯实做人的基础。继续探索实施分层教学、因材施教战略，努力让每个孩子都能找到发展坐标。继续发扬严谨、务实的作风，弘扬逆境图强的精神，努力拓展学校发展格局。继续正视存在的问题，转方式、调结构、增动能、提品位，努力促进学校提档升级，创办现代优质高中。另一方面，我们热切希望市教体局在政策、师资、办学条件上给予大力支持，拓展学校生存发展的空间；希望在座的各位校长在生源、文化、办学经验上给予大力支持，奠定学校生存发展的基础；希望社会各界和学生家长在工作、舆论、办学环境上给予大力支持，增强学校生存发展的动力。

无论面临的形势如何严峻，挑战如何巨大，我们都将义无反顾、全力以赴、竭尽所能，推动办学水平不断提升，以良好的工作业绩回报各级领导的信任，回报每一名学生家长的信任，回报各位初中校长的信任。

心路

2019年上半年,出于一些原因,叫停了招生宣传。尽管我们采取了一些力所能及的措施,但是2019年的招生情况可以说“惨不忍睹”。

生源一直是普通高中的“痛”。据统计,本届招生录取的新生当中,进入德州市前600名(名牌大学生源)的一个没有,较上年(2018年)减少1人;进入德州市前8000名(重点本科生源)的仅仅3人,较上年减少16人;进入德州市前20000名(普通本科生源)的仅108人,较上年减少243人。生源质量呈“断崖式”下跌。再从本县的情况看,进入全县前100名的为0,较上年减少1人;进入全县前800名的仅5人,较上年较少14人;进入全县前1800名的有162人,较上年减少38人。这就意味着三年之后高考名牌大学、重点本科或将“颗粒无收”,普通本科也会“大幅减少”。质量下滑几成定局。

明白人清楚,这活儿要干好,几乎不可能!但是我既然接了这个差事就要义无反顾,决不能认怂,那不是我的性格。基于这种想法,我在会上大讲特讲今年取得的高考成绩。比基数、比增数、比增值、比增率,反正只要能表明我们“出色”的数据,我全都“掰开了”“揉碎了”,不厌其烦地说。其实这也是给大家灌输一种“不比总量比增量”的新价值观。后来教育部发布关于教育评价方式改革的新政策,其中就有“增值评价”一项。一不小心,我们走在了全国前列!

场景二十二

见新教师，要说成才成长的引导话

场景

2019年7月20日，招聘的15名新教师全部到位，学校举行见面会。我作为校长必须要给他(她)们先“上一课”。

说 话

首先，我代表学校欢迎各位精英加盟综合高中。我校虽然是普通高中，但目前来说，我校是禹城范围内福利待遇最好的学校，我相信大家不会后悔自己的选择。

我们学校是公办普通高中，始建于1958年，至今已有60多年的历史，为省级规范化学校。多年来，学校坚持分层教学、普职融合、多元发展策略，努力为不同层次的学生搭建成才成长的“立交桥”，闯出了一条在普通高中办学基础条件下的特色办学、跨越发展之路，受到各级领导、社会各界和广大学生家长的高度认可，被誉为普通高中发展标杆。

《人民日报》有篇文章说了一个观点:选择一种职业,就是选择一种生活方式。我们选择当老师,就选择了老师的生活方式,就不要随便羡慕那些官员、商人、演员、“大款”的生活,就要远离社会的喧嚣,远离时代的浮躁,远离现实的功利,保持一份师者情怀,潜下心来教书,静下心来育人,在平静的校园生活中、在帮助学生成人成才的过程中实现自己的人生理想和价值追求。

在此,我跟大家交流几点看法:

第一,成功靠帮助,要懂得感恩。大家能够坐在这里,是经过艰苦的努力得来的,大家有理由为自己骄傲和自豪,但不要忘了一直以来帮助自己的父母、老师和朋友,没有他们的支持,就没有我们的今天。因此,要懂得感恩,要懂得回报。

第二,校园很清静,要耐得寂寞。大家都是年轻人,都拥有一颗躁动的心,都怀揣许多青春的梦。但是我要告诉你,现实很骨感,校园生活虽然多了一份宁静,少了一份喧嚣,但周而复始、三点一线会使你感到单调而枯燥,所以我提醒大家:一定要耐得住寂寞,要在清静中寻找到心灵的寄托,安放自己那颗躁动的心。

第三,未来须谋划,要设计人生。如果没有特殊情况,大家将在教师岗位上干一辈子,未来的路很长,要想好怎么走。如果你要做一名合格的教师,只要做到做事认真就可以了。如果你想成为一名优秀教师,那么我给大家三个建议:

一要谋划未来发展。当老师不想当名师的是少数。大家不妨做一个十年成长规划:一年入门,三年成校级名师,五年成县级名师,八年成地级名师,十年成齐鲁名师。

二要善于积累成果。人生的成功在于积累。大家要记住一句话:三年反思成名师。大家在工作中要善于反思、善于积累,等经验积累到一定程度,你就会成为能手、名师、专家,到那时你就会功成名就、名利双收。

三要善于读书写作。阅读是高品质爱好。古人说:万般皆下品,唯有读书高。人的爱好多种多样,阅读是对人的成长作用最大的、帮助最多的。

阅读是高品质生活。知识改变命运,阅读改变生活。身处社会的喧嚣之中,能够捧着一本心爱的书,全身心地投入阅读,忘记一切琐事和烦恼,是一种非常美好的生活享受。

阅读可以成就高品质人生。书到用时方恨少,腹有诗书气自华。阅读可以丰富你的见闻,让你具有广深的学识;可以丰富你的思想,让你具有深刻的思考;可以丰富你的修养,让你端庄儒雅、风度翩翩、正气浩然。

阅读要伴随高品质的写作。读而不写则迷,写而不读则惘。写作可以帮助你整理知识、整理思想、整理心得,通过写作,你可以有新的发现和产生新的灵感。"真"是最高贵的品格,写出真实感想,就是高品质的写作。建议大家边读边写、边思边悟,写下真实的感悟,在有效阅读中丰满自己的人生。

最后,祝大家成为一个对得起学生和家长、对得起学校和社会、对得起自己良心的好老师。

心路

高质量教师是高质量教育发展的中坚力量。借用《中共中央国务院关于全面深化新时代教师队伍建设改革的意见》的一段话:教师承担着传播知识、传播思想、传播真理的历史使命,肩负着塑造灵魂、塑造生命、塑造人的时代重任,是教育发展的第一资源,是国家富强、民族振兴、人民幸福的重要基石。这段话把教师在新时代的地位、职责说得一清二楚。

没有好老师就没有好学生,就没有好学校。一个班,在一个差老师手里会成为“差班”,换一个好老师,不出几个月就会变成“好班”。这样的例子不胜枚举,这充分说明建设一支师德优、素质高、能力强的教师队伍有多么重要。而培养教师可不是一句话的事,尤其是高中,老师们的课时安排非常紧张。他们既要完成繁重的教育教学任务,保证出成绩,又要参加必要的教研培训活动,提高素养能力,的确存在一定的矛盾。这也是很多老师不愿意参与教学课题研究,许多学校不愿意开展教师培训活动的原因。但磨刀不误砍柴工。再好的老师,如果长时间不学习、不研究,也会“泯然众人矣”。只要把握关键、优化策略,就可以实现成绩成长“两不误”。我尝试了几种“土”办法:

强内因:上好新教师“第一课”。新教师入职是一个关键点,必须要把握住。他们刚刚进入一个新单位,就像一张白纸,必须给他们打好专业成长的“底色”,引导他们认同学校,安心工作,积极进取,追求卓越,形成专业成长的自觉,激发专业成长的内在动力。只有教师自己想要成长,才是真正的成长的开始。

壮外因:分学科集训“一条道”。一般学校都通过“走出去,请进来”的方式开展教师培训,但是无论是“走出去”,还是“请进来”,都是有讲究的。我的想法是:学校首先要找到自己的“道”。在前进的过程中发现问题,明白自己真正的需求,然后才是“走出去”寻找解决办法,“请进来”传授经验做法,最后解决发展中的问题。这就是“选择”和“精准”。基于此,学校每年邀请九大学科的国家级、省级专家名师来学校举办专题讲座。各学科教师事先准备好问题,提交给专家,专家根据问题作报告,循因求果,有的放矢。这种“订单式”的学习培训深受老师们欢迎,也符合学校的发展要求,两者一脉相承、相得益彰。

夯基础:教、研、训融合“一张皮”。30多年的从教经历告诉我,必须处理好教学、教研、师训三者的关系,三者之间不能“有夹层”,必须“一张皮”。三者之中,教学是根本、是主体,处于核心地位。教研和师训必须立足教学、扎根教学,围绕教学来展开。三者必须摆正关系又水乳交融，才不至于产生矛盾，或者不至于跑偏、低效或无效。因此，要树立教、研、训一体化的管理思想，保证教学、教研、师训有序有效开展。

我相信只要把握好强内因、壮外因、夯基础这一策略，新教师的成长就会明眼可见，成才指日可待。

第二学年

高中二年级校长说的话

经过一个学年的实践，我对于学校管理的方方面面基本摸清了，有了初步的工作经验。进入第二学年，就要考虑如何在现有的基础上进行改进和提升，以期把工作干得更好。

场景二十三

秋季开学，要说担当使命谋发展的话

场景

2019年8月31日，学校举行新学年秋季开学全体教职工大会。会上我要布置新学年的工作。经过一年的实践摸索，我逐渐对学校工作和干部、师生有了新的了解，工作思路也有了新的想法，新学年的主要任务就是抓落实。

说话

通过一个暑假的休整，经过几次高品质的培训，大家看上去都养足了精气神儿，为做好新学年的工作奠定了坚实的基础。

今天我们召开全体教职工大会，主要是总结上学年的工作情况，表彰先进集体和个人，分析面临的形势和存在的问题，部署新学年的工作，团结带领全体教职员工进一步坚定信念守初心，担当使命谋发展，凝神聚力抓落实，努力夺取教学质量新突破，奋力书写学校发展新篇章。

刚才，会议表彰了上学年的先进集体和先进个人，三个年级主任和两个科室主任代表分别作了表态发言。这些发言显示了全体干部干事创业的壮志雄心，代表了全体教职工奋发有为的强烈愿望。希望大家信守承诺，比学赶超，争创佳绩。××校长代表学校就新学年的教学工作作了安排，非常具体、实际、有针对性，希望大家结合工作实际，认真加以落实。

下面，根据校委会研究的意见，我简要讲三个方面的内容：

第一，上学年的工作成果。

上学年，在全体教职工的共同努力下，我校各项工作扎实推进，呈现出健康、持续、稳定发展的良好局面。一是确立了引领文化。打造以“和美”为核心的学校文化。凝聚各方力量，引领学校发展。二是明确了发展路径。突出“12345”工作发展思路，出路在于提档升级，方向在于现代优质。三是规范了学校管理。出台了30项管理制度，讲规则、堵漏洞，立规矩、防风险。四是优化了教学常规。以集体备课、分层教学为抓手，以合作为引导，向常规要质量。五是丰富了教学研究。以优质课评选、学科对抗赛、省级课题立项为载体，外出学习开眼界，内部培训长见识。六是强化了队伍建设。以分层聘任、双向选择为抓手，优化组合激活力，强化团队增战力。七是夯实了学生德育。以养成安全教育课程为主体，日常督查无缝隙，平台管理全覆盖。八是改善了办学条件。以多媒体设施配备为主体，丰富了教学手段，改善了育人环境。九是细化了后勤服务。以服务中心大局为总纲，细致周到搞服务，高效快捷做工作。十是突出了党建创新。落实党员活动社区同建、驻村帮扶，以及民主生活会、党员示范岗、干部三深入等，规定动作打基础，自选动作创特色。十一是保障了安全稳定。以防范校园暴力为重点，规范言行保稳定，健康成长促和谐。十二是提高了教学质量。今年高考本科上线历史性突破800人，群众满意，各级领导认可。

以上成绩是全体老师辛勤劳动的结果，是全体干部示范引导的结果,是全体职员服务周到的结果。在此,我代表学校向大家致以崇高的敬意和衷心的感谢!大家辛苦了,感谢大家!

第二,发展面临的问题与挑战。

从表面上看,优质生源偏少、师资严重不足、条件尚需改善、质量有待提升、学科急需均衡。

从根本上说,思想亟待解放、理念亟待更新、管理尚需优化、教学急需改进、方法急需创新。

这些既是问题,也是挑战,是我们必须要跨越的难关。

第三,新学年的工作要点。

说得再好,不如干得到位。新学年、新目标、新起点、新定位,全校上下要把握五项要点:

第一点,咬定发展不放松。学校的发展定位是:领跑普通高中,比肩重点高中,创办现代优质高中。这是学校发展的总要求,大家务必要记到心上、抓在手上、落实到行动上。

第二点,明确目标聚合力。明年的高考成绩,一本、二本、艺体、春考、总量要全面超越今年。具体指标为:一本200人,二本400人,总量900人,必须完成!这不仅是高三教师的责任,也是学校历史发展、提档升级的必需,全校上下必须共同努力。

第三点,突出重点创佳绩。新学年要突出八项工作重点:

一要抓好党建工作。在落实好支部建设、“三会一课”、党员活动、社区共建、驻村帮扶、干部监督的基础上,进一步做好党员示范岗、上好思政课、干部“三进”活动等,切实提高党建水平。

二要规范学校管理。规范年级管理,推行逐级聘任、双向选择机制,增强凝聚力,提高战斗力;规范班级管理,营造学生成长的良好生态环境;规范处室管理,搞好分工协作,周到细致地提供服务。全面梳理管理流程,优化管理过程,提高管理效能;全面完善管理制度,堵塞管理漏洞,规避政策风险;全面落实督查反馈机制,提高执行能力,保证高效运行。

三要优化教学过程。实行年级学科集中办公，课前抓好集体备课，落实教案、学案、作业、检测、进度“五统一”；课中抓好“五点四法”高效课堂建设，探索自主合作探究式教学；课后抓好分层作业、检测反馈和转弱促边，向常规要质量。

四要强化教育科研。主要抓好教学评价，反馈矫正教学；抓好省级规划课题研究，提高研究水平；抓好常规教研，立足教学搞教研，边教边学、边思边研，一体推进，相得益彰。

五要助力教师成长。成立教师发展管理中心，充分运用和美教育大讲堂，抓好教师读书学习、培训观摩、汇报交流、特长展示、竞赛评比等，抓好业务学习、业务培训、业务研究，引导全体教师扎根教学，成长、成名、成家、成事。

六要助推学生发展。成立学生发展管理中心，研究国家政策，探索发展模式，开辟发展路径，为各类学生成长成才搭建“立交桥”。重点在尖子生培养方面进行探索，争取上名牌大学。

七要切实改进作风。党员干部、教师要严格遵守党的纪律、坚守党的规矩、践行党的宗旨、弘扬党的优良作风，工作中以身作则、率先垂范，带着大家干、干给大家看，充分发挥“关键少数”的示范带头作用。

八要抓牢安全维稳。安全是第一责任，稳定是第一保障。通过抓好养成教育、安全教育、安全演练、问题处理、隐患整改等，保证学生安全；通过抓好师德师风建设、依法执教、规范言行、规避风险，保证教师安全；通过德廉教育、防微杜渐、立规定矩，保证干部安全。

第四点，抓紧落实不懈怠。抓好落实是工作推进的关键之关键。抓落实要把握几个关键词：明责、履责、考责、问责。明责就是全体干部、教师、职员都要知道自己的职责是什么，履责就是大家要严格履行自己的岗位职责，考责就是考核大家的职责完成情况，问责就是对于履责不力、失职失责者进行相应的处理。当然，学校也会全面提供履责保障，严格落实奖惩兑现，激发全体干部、教师、职员履职尽责的内生动力。

第五点,真心关爱促和谐。为了让老师们在学校里能够安心、顺心、开心,学校将认真践行“和美”教育理念,健全工作制度,创造公平公正的氛围;理顺运作机制,搭建风清气正的平台;完善绩效考评,落实付出有回报。关注教师的身体健康,暑期安排体检;关注教师的精神生活,利用节假日开展主题活动,缓解压力,调节身心。积极为老师们解决生活难题,关注老师们的切身利益,及时发放绩效奖金福利,让老师们满意。

下面通报暑期开展的几项工作:

一是关于校内经营。根据省、市有关规范校内经营活动文件和禹城创建省级卫生城要求,今年暑期我们进一步规范了校内经营。一方面,对餐厅、直饮水、卫生室和文印室进行了招标。为了保证公平公正,经过请示上级部门,学校通过招标大厅委托第三方进行招标。另一方面,学校计划对校园东北角进行彻底改造,建设学生综合服务中心。原先的小卖部、奶吧、话吧、浴池、维修部等不再进行招标,全部暂停营业一年,等服务中心建成后重新招标,规范管理。

二是关于教学设备采购。根据教学需要,经教育局批准,我们暑期通过招标大厅对多媒体教室、微机室、录播教室、循课系统等进行了招标,共约150万元,即将开标。

三是关于厕所改造工程。前期与金辰公馆磋商,达成协议。由他们出资82万元,对我校的四处厕所进行水冲式改造,目前已完工。另外,由其设立和美金辰奖助金,5年时间,每年拿出6万元奖励20名学生,共计30万元。这也正好和创卫工作结合起来,解决了学校的大问题。

下面说说老师们关心的奖金福利:

一是关于高考奖金。据说今年教育局把高考奖金写到市委、市政府教师节表彰的文件当中,数额还是450万元,并且今年会及时发放,连同去年的奖金一起发放,请大家放心。

二是关于中秋节福利。我们按照惯例,包括离退休、代课教师在内的所有人员,每人300元的生活用品,会后由工会会同办公室马上办理。

三是关于全民健身。身体是革命的本钱。根据国家关于全民健身的有关政策,开学后学校将选择合适的地方,购买一部分健身器材,供老师们业余时间进行锻炼,提高身体素质,保证身体健康。

老师们、同志们:世界正处于百年未有之大变局,我们中国正在抢抓机遇,加快发展,全面建成小康社会,努力实现中华民族伟大复兴的中国梦。在新时代的大背景下,我们学校目前处在爬坡过坎、提档升级的关键期,历史的责任落在了我们肩上,我们义无反顾、责无旁贷。我们全体教职员工要以师者的精神、师者的责任、师者的情怀,俯下身子苦干、甩开膀子实干、撸起袖子加油干,努力创造更加优异的高考成绩,奋力谱写学校逆境图强、跨越发展的崭新篇章!

心路

经过一年的打拼,学校局面稳住了,理念、思路更新了,发展架构确立了,教学成绩提高了,我也基本融入了这个新集体。进入学校第二个年头,我的主要工作就是推动新理念、新思路、新举措走深、走细、走实,不断提升办学效益。

为了给新学年做好充分的准备,2019年暑假我几乎没有休息一天,做了几桩对学校来说“开天辟地”的大事!

第一桩:换了一批人。到暑假正好有几位副校长年龄到了要退职。这几个人都是“元老”级人物,不仅资历长、资格老,都在学校工作了几十年,而且贡献大、威望高,是学校的中流砥柱,在老师们之中“一呼百应”。他们一退职,校级干部少了一半,必须补充新生力量。如何用对人、用好人,是对校长的重大考验。这让我费掉了好几亿脑细胞。首先考虑把握好用人导向。在学校里,离校级干部最近的有两类干部:一类是行政干部,就是我们常说的“三处一室”的正职主任;另一类是业务干部,就是年级主任和教科所长。他们之中,年级主任的责任最重、出力最多、贡献最大,提他们可以充分表明学校“只有干出成绩,才能提拔重用”的用人导向。于是,我就推荐两个年级主任作为校级干部的提名人选。其次考虑调整好用人机制。在确定新的年级主任人选时,我改变了原先那种行政任命“拉郎配”的做法,改为“单项聘任、双向选择”,简言之就是校长聘年级主任,年级主任聘教学、政教两个副主任,校长与年级主任、年级主任与副主任之间双向选择。这样就能组建团结强大的年级管理团队,最大限度地避免内耗。最后考虑创设专责机构。随着教育形势的变化,原有的以“三处一室”为主的组织架构已经不能完全适应学校发展的需要。为了做好重点工作,我专门设立了教师发展中心、学生发展中心、职业教育中心、综治维稳办公室、招标采购办公室、校内经营管理办公室等六个专责机构,提高了管理效能。

第二桩:关了几个门。由于消费群体庞大而固定,学校内部的经营业户包括餐厅、奶吧、话吧、书吧、浴室、卫生室、摄影部、维修部、小卖部、直饮水等20多家。这些经营户的背后不仅有校级领导的关系、中层干部的关系、一般职工的关系、退休人员的关系,还有其他社会各类“达人”的关系,盘根错节、错综复杂,管理难度极大。虽然2018年暑假学校跟他们重新签订了协议,定了“规矩”、设了“红线”,但是有关系背景撑腰,在巨大利益的驱使下,他们根本不能依规、依纪守法经营,有的更是无法无天、为所欲为。老师们议论纷纷,敢怒不敢言。学生家长意见很大,纷纷投诉。矛盾丛生,安全隐患极多。相关科室根本管不了,也不敢管。这个问题已经成为影响学校安全稳定发展的“毒瘤”,必须铲除!2019年暑假,我冒着把人得罪“挺”、可能遭到疯狂报复的巨大风险,毅然决然地向“毒瘤”开了刀!除了保留师生生活必需的餐厅、直饮水、卫生室外,其他一律“一刀切”,保留经营的一律进行公开招标。自此,“乌烟瘴气”一扫而空,校园清净了许多。

第三桩:“洗”了一次脑。新课标颁布两年了,但是老师们还没有系统地学习过,秋季开学高一更换为新教材,与旧教材有很大差别。学校以前不太重视教师培训,老师们整天埋头苦干,很少有机会参加高端培训。为了学好新课标,用好新教材,暑期学校专门通过省教科院联系九大学科的省级教研专家名师,针对新课标、新教材分学科开展专题培训。老师们听了感觉醍醐灌顶,非常过瘾。

新学年开学,新班子、新思路,新架构、新机制,期待学校焕发新生机,取得新胜利。老师们参加会议一般比较烦恶领导讲话冗长,并且记不住多少东西,开完会留在脑子里的往往是一种感觉,以及他们感兴趣的事情。

首先,在总结、部署工作时,我精心把握一个“胸”字,着力加深感觉。总结过去简单明了,给人烂熟于胸的感觉。对于上学年的工作,我总结了12条,用12句话说清楚。逻辑关系是“想了什么—干了什么—得了什么”。想了两条:文化理念和发展思路;干了八条:管理、教学、教研、队伍、德育、条件、服务、党建;得了两条:安全稳定和谐、教学质量提升。分析问题直奔主题,给人了然于胸的感觉。分析问题、剖析原因各用五句话说明白,每一个问题都是实打实的,老师们都很熟悉。每一个原因都是“老大难”,想要解决问题不容易。部署要求提纲挈领,给人成竹在胸的感觉。提出五项要求,强调八项重点,都是紧扣“和美”教育理念和“12345”工作思路的推进落实,一脉相承、一以贯之,力求一把号、一个调、一种声音。

其次,在公布为民实事时,我精心把握一个“利”字,回应群众关切。讲暑期规范校内经营,“利”在净化校园生活环境,优化育人环境;讲教学设备采购,“利”在推进信息化建设,提高教学效率;讲厕所改造工程,“利”在改善生活条件,提高生活质量;讲奖金福利发放,“利”在激发工作热情,增强工作干劲;讲推进全民健身,“利”在愉悦教师身心,提高幸福指数。

开完会让老师们心有所想,感觉有料,就达到我的预期了。

场景二十四

开新纳新，要说坚持拼搏守初心的话

场景

2019年9月6日，学校在体育中心举行新生军训结业暨开学典礼，全体师生参加。开学典礼是学生入学“第一课”，我必须让学生明白：人生必须学会选择、懂得坚持、不断拼搏，必须明白上高中的“初心”是什么。

说话

今天，我们隆重举行新学年军训结业暨开学典礼。首先，我代表学校向一年来付出辛勤汗水、作出突出贡献的全体教职员工表示衷心的感谢，向通过刻苦训练、取得优异成绩的优胜班级及优秀个人表示诚挚的祝贺，向通过努力拼搏、成功考入我校的同学们表示热烈的欢迎！

人的一生，选择很重要。选择了合适的道路，选择了合适的环境，选择了合适的队友,自己成人的速度将加快,成才的路径将加宽,成长的助力将加倍,成功的概率将加大。

同学们,你们非常明智,在升学考试中作出了正确的选择,报考了综合高中。现在的综合高中秉持"办和美教育、育时代英才"的办学理念,坚持"严格管理、分层教学、因材施教"的发展策略,不管什么基础的学生,在我们综合高中都能找到适合自己的成长路径,都能得到全心全意、精准到位的指导和帮助,都能实现自己的发展目标和人生梦想。

同学们,你们都很幸运,赶上了综合高中历史发展的最好阶段。自2013年以来,学校的教学质量连年提升,高考成绩实现了"七连增"。今年更是历史性地突破了800人大关,本科上线达到810人,比2013年增长了3.5倍。而明年的高考成绩,相信比今年还要好。可以说,你们选择了综合高中,就选择了成功。所以说,你们很明智,也很幸运。今天加入综合高中,注定会创造属于你们、属于学校、属于未来的精彩人生。

人的一生,坚持很重要。我认为,一个人的一生应该在三个方面不断坚持。一是坚持做一个好人。好人就是有道德的人。大家要做一个具备中华传统美德的人,讲究仁、义、礼、智、信,做到温、良、恭、俭、让,成为一个谦谦君子、雅静淑女;要做一个具备职业道德的人,同学们目前的职业是学生、任务是学习,学习也有学习的道德规范,要按照学习的各种要求去做,把学习的工作做好;要做一个具备家庭美德的人,孝老爱亲,和睦相处;要做一个具备社会公德的人,遵纪守法,循规蹈矩,不越雷池、不碰底线,被社会所接受、所认可,成为道德模范、社会精英。二是坚持做一件好事。就是让自己成才,成为一个对时代发展有用的人。高中三年,大家必须要做好的一件事就是考上理想的大学,这是最大的事,也是最实实在在的事。这件事做不好,高中三年将是你一生的遗憾。三是坚持做一个好梦。宋代儒学家朱熹说过:"天不生仲尼,万古如长夜。"(《朱子语类》)这句话是什么意思呢?就是说，孔子的儒家经典为国家、社会和家庭划定了发展规则和秩序，使得人类社会历史得以按照规律延续和发展。如果没有孔子，人类将在黑暗中摸索。同样的道理，人生没有梦想，就好比白天没有阳光，夜晚没有月光。一个人没有梦想，就没有奋斗的目标，没有目标就没有方向，没有方向就没有动力，没有动力就会懒懒散散、浑浑噩噩、迷迷糊糊。这样的话，人生的价值就难以实现。所以，大家都要找到自己的人生梦想，让梦想指引自己不断前进，创造人生价值。

人的一生，拼搏很重要。天上不会掉馅饼，幸福生活等不来，成功靠奋斗，爱拼才会赢。李嘉诚曾是华人首富，李泽楷是他的小儿子，是含着金钥匙出生的人，就是什么也不干，也能够继承上千亿元的资产，过超级富豪的生活，但是他拒绝做自己家族企业的CEO，选择自己创业，建立了自己的卫星电视公司，被誉为“小超人”，跻身“全球50位数码精英”，成为一代青年的新偶像。就是像李嘉诚和李泽楷这样的人，每天工作时间超过16个小时，非常拼命。比你优秀的人都在拼命努力工作，你凭什么不努力、不奋斗、不拼搏？所以，同学们，高中三年一定要敢于拼搏，勇敢面对一切风险和挑战；一定要善于拼搏，想尽一切办法去克服困难、解决问题；一定要一拼到底，不达目的决不罢休。

同学们，物竞天择，适者生存。当今世界正处于百年未有之大变局，我们处在被人工智能、万物互联、量子计算、智慧城市、数码科技包围的高科技时代，社会生活和工作方式正在发生深层次变革。在时代的大潮中，不具备弄潮的过硬本领就会被淹没，不具备生存的本领就将被淘汰，要想适应社会和未来的发展，获得理想的职业和体面的生活，就必须要努力、要奋斗、要拼搏。因此，我们提出“育时代英才”的办学理念，就是想让同学们建立国际视野，适应时代发展，勇立潮头，劈波斩浪，做新时代的弄潮儿。

同学们，高中三年的生活已经开始，高中三年将是你人生发展最关键、最关键、最关键的三年。三年后的高考是一道“龙门”，你跨过这道“龙门”的高度，将决定你人生发展平台的高度。这个平台越高，你的人生发展起点就高，而高起点会让你领先一步，步步领先。

著名教育家、南开大学原校长张伯苓提出著名的“爱国三问”：你是中国人吗？你爱中国吗？你愿意中国好吗？这些提问直指灵魂，震撼人心，考问着我们每一个中国人到底爱不爱国。

在此，我也想给同学们提出“高中三问”：

第一问：你上高中为什么？

第二问：你高中三年怎么做？

第三问：你高中毕业去哪儿？

希望同学们高中三年毕业后，能够给自己、给父母、给学校一个满意的答案！

老师们、同学们：新学年、新起点、新任务、新挑战，让我们抓住机遇、乘势而上、和衷共济、携手并肩，向着美好的目标一起奋斗，朝着成功的彼岸扬帆启航！

心路

这是我来学校之后参加的第二个开学典礼，经历了暑期最后几天“惊心动魄”的斗争并取得胜利，终于能如期举行开学典礼，我感觉颇为不易，更是弥足珍贵。

今年的开学典礼，我先“三讲理”，后“三问心”。

三讲理：第一个方面讲选择。我说同学们选择综合高中很明智、很幸运，主要通过推介学校，强调学校目前正处于快速发展的历史最佳期，能够满足同学们升学发展的一切愿望，让同学们安心就教、潜心向学。

第二个方面讲坚持。我要求同学们坚持做一个好人、坚持做一件好事、坚持做一个好梦，分别对应着道德、成才、理想。希望同学们能够成长为道德楷模、时代骄子、社会精英，实现自己的人生价值。

第三个方面讲拼搏。我举了李泽楷拼搏奋斗的例子，提出比你起点高、比你更优秀的人都在奋力拼搏,你没有理由不努力,同学们一定要敢于拼搏、善于拼搏、一拼到底,不达目的誓不罢休。

三问心:借鉴南开大学首任校长张伯苓老先生的“爱国三问”,对高一新生也提出了“初心三问”:你上高中为什么?你高中三年怎么做?你高中毕业去哪儿?实际上我是问:你想考上怎样的大学?你想付出怎样的努力?你想得到怎样的结果?就是要让学生明白自己上高中的“初心”,始终不忘这个“初心”,努力实现这个“初心”,让这个“初心”激励自己高中三年的学习生活,期待最终得到一个满意的答案。

场景二十五

读书月赛，要说阅读思考求上进的话

场景

2019 年 10 月 31 日，学校开展读书月赛活动启动仪式。开展读书月赛，目的是鼓励全体教师学政治、学理论、学业务，同时开展读书研究成果交流展示活动，适当发放奖励。老师们热情高涨，仅学理论活动，就有 200 多名一线教师踊跃参与。学校为每名教师购买了华东师范大学崔允漷教授的《有效教学》这本书，并举行了发放仪式。

说话

我很高兴参加今天这个活动，很高兴有这么多的老师积极参与读书活动，很高兴能够跟大家交流关于阅读的几点看法。

阅读是高品质的爱好。古人说：万般皆下品，唯有读书高。人的爱好多种多样，阅读是对人的成长作用最大的，帮助最多的。因此，阅读是最高品质的爱好。

阅读是高品质的生活。知识改变命运,阅读改变生活。我们所处的时代千变万化,人的生活丰富多彩,身处社会的喧嚣之中,能够捧着一本心爱的书,全身心地投入阅读,忘记一切琐事和烦恼,是一种非常美好的生活享受。

阅读可以成就高品质的人生。书到用时方恨少,腹有诗书气自华。阅读可以丰富你的见闻,让你具有广深的学识;可以丰富你的思想,让你具有深刻的思考;可以丰富你的修养,让你端庄儒雅、风度翩翩、正气浩然。

阅读要伴随高品质的写作。读而不写则迷,写而不读则惘。写作可以帮助你整理知识、整理思想、整理心得,通过写作,你可以有新的发现和产生新的灵感。"真"是最高贵的品格,写出真实的感想,就是高品质的写作。建议大家边读边写、边思边悟,写下真实的感悟,实现有效阅读。

学校开展读书月赛活动,就是给老师们搭建一个阅读交流的平台,为老师们阅读提供帮助,让老师们能够在阅读中得到乐趣,在阅读中享受生活,在阅读中实现成长。期待大家都能在有效阅读中得到丰厚的收获,成就高品质的人生。

心 路

因为教师的关键性地位和决定性作用,学校高度重视教师队伍建设,把教师成长列入工作重点。学校为教师成长设计了四条路径:教学、研究、读书、交流。其中读书是必不可少的一条路。

现实情况是,虽然大家都知道读书很重要,但是组织教师读书并不容易。因为高中教师的教育教学任务十分繁重,再加上参加一些必要和不必要的活动,还有照顾家庭、私人交往等,多数老师表示没时间读书。即便如此,我们也必须推进教师读书。鲁迅先生说过,时间就像海绵里的水一样，只要挤，总是会有的。没有大段的时间，"见缝插针"还是可以的。为了扎实推进教师读书活动，首先要着重解决"读什么"和"怎么读"的问题。

读什么：学政治、学理论、学业务。学政治，主要学习党和国家的大政方针和教育发展政策；学理论，主要学习国内外最新的教育理论研究成果；学业务，主要学习本学科最新的学术成果和成功经验。我总结为"三学"。

怎么读：供素材、搭平台、搞竞赛。供素材，就是学校出资购买书籍，免费发给教师阅读；搭平台，就是建立教师读书交流中心、和美教育大讲堂等教师读书交流平台；搞竞赛，就是每月举行学习强国积分评比活动，每学期举办一次教师读书交流比赛活动，优胜者发放新华书店购书卡作为奖励，极大地调动了教师读书的积极性。

另外，为了方便学生读书，学校购置了四套电子智能书柜，安装在教学楼门厅，学生凭一卡通即可借书、还书。学校给每个教室购置了书橱，配备了150多种高中生必读书目以及一些拓展阅读书目，学生触手可及。在校园各处大树周围安装了很多坐凳，供学生在校园里读书、休息，实现了"楼楼有书柜、班班有书橱、处处有书凳、时时可读书"。

因为读书活动扎实有效，学校被评为"禹城市书香校园"。

场景二十六

民主批评，要说红脸出汗触实质的话

场景

2019年11月20日，学校举行领导班子民主生活会，大家针对问题自我剖析，敞开心扉互相批评。会议开得既民主又和谐，效果理想，非常成功。散会后，大家觉得意犹未尽！

说话

根据"不忘初心、牢记使命"主题教育活动要求，通过认真学习习近平总书记系列重要讲话精神和党章党规党纪条例，结合自己的思想实际和工作实际，认真进行对照检查和自我剖析，经过与其他班子成员谈心交流、相互批评，我找出了自身存在的问题和产生问题的原因，明确了努力的方向和改进的措施，现将有关情况报告如下：

第一，自身存在的问题。

一是学习钻研意识不强。面对教育改革发展的新形势、学校创新发展的新常态，不能够扎实、深入地学习国家有关政策，积极、主动地学习其他学校的先进经验和做法，自觉、有效地学习先模人物干事创业的能力和本领，常常“临时抱佛脚”。

二是开拓创新意识不强。随着自己工作资历的增加，我觉得各项工作都摸透了，思想上不思进取，工作中不愿意吃苦受累，放松了工作要求。面对学校一些长久形成的问题、体制机制的问题，没有勇气打硬仗，常常“遇事绕道走”。

三是责任担当意识不强。工作总是按部就班、求稳怕乱，特别是在人事制度改革、教师资源配置等重大问题上，思想上不够大胆，措施不得力，体制机制创新不够，解决问题的办法不多。有时候班子成员和中层干部的工作不到位，我也不愿意批评，怕得罪人；有时候发现一些师德师风方面的问题，只是通知相关人员谈话批评，不作进一步处理，常常“对事不对人”。

四是无私奉献意识不强。我觉得自己工作30年了，勤勤恳恳、兢兢业业、扎扎实实、辛辛苦苦，有付出、有汗水、有成绩、有贡献，产生了满足心理。现在处于学校负责人的位置，我觉得有事可以安排给副职和科室主任、年级主任去干，自己没必要事必躬亲。工作喜欢按部就班，不愿意加班加点，常常“按点上下班”。

第二，产生问题的原因。

一是自我要求不高。自己满足于有一定的工作实践和工作经验，对加强理论学习、不断提高工作能力缺乏足够的认识。与习近平总书记提出的“一个领导干部要做好本职工作，一刻也离不开理论学习”的要求有很大差距。

二是服务意识不强。我觉得自己出身农村，干过农活，吃过苦、受过累，对老百姓有感情，但实际上对百姓的诉求越来越不了解，与群众的感情越来越远。根源在于全心全意为人民服务的宗旨意识不强，不能把自己的一切奉献给群众。

三是党性修养不深。我自认为每天全身心地投入工作中就满足了，没有在党性党风党纪方面为自己树立一个更高的标杆。对照焦裕禄、孔繁森等领导干部的楷模，深感自己的事业责任感不强、责任担当不够，还没有把职责尽好。

四是自我约束不紧。思想上、工作上把自己等同于一般党员，降低了工作标准，放松了自我要求，轻视了自我约束，弱化了对一些“四风”问题的抵抗能力。

第三，今后努力的方向。

一是加强政治学习，提高政治站位。深入扎实学习党的十九大精神和习近平总书记系列讲话精神，牢固树立“四个意识”，增强“四个自信”，做到“两个维护”，不断加强党性修养，提高政治站位；强化责任担当，提高思想境界；增强能力本领，提升服务水平。坚持“工作站位高、工作标准高、工作要求高、工作效率高”的“四高”标准，从自身做起，与其他班子成员互相尊重、互相理解、互相支持、互相配合，扎实、高效地做好本职工作。

二是履行党建职责，发挥引领作用。认真落实“三会一课”等党建工作制度，认真开展“党员活动日”“两学一做”等学习教育活动，注重加强基层党支部建设，充分发挥基层党组织的战斗堡垒作用。注重加强党员干部思想作风、工作能力建设，充分发挥党员干部的先锋模范作用，引领全体教职员工紧紧围绕党的教育方针，认真落实国家教育发展政策，始终在党的指引下开展工作。

三是创新学校管理，促进提档升级。面对教育发展的新形势，面对学校发展的新问题，明确学校“领跑普通高中、比肩重点高中、打造现代优质高中”的目标定位，进一步创新“和美”教育发展理念，实践“12345”工作发展思路，落实“管理优化、教学优化、教师成长、学生成长、幸福校园”工作重点措施，以“促进学校提档升级，让更多老百姓的孩子考上理想的大学”为己任，坚定实施分层教学、因材施教战略，积极探索在普通高中师资、生源、条件下的特色发展之路，倾力搭建学生成才“立交桥”，着力打造全市、全省乃至全国一流高中。

四是优化机制体制，激发发展活力。以抓实质量、抓牢安全、抓强队伍、抓好作风为主线，建立总支委成员分工负责制，加强行政管理；建立校委会领导下的级部负责制，加强年级管理；建立学科委领导下的学科组负责制，加强教学管理；建立学校、年级、政教三级巡查制度，加强过程管理。定期召开校委会、教代会，落实“三重一大”集体决策制度。配套推行教师聘任制、绩效考核制、一岗三责制（工作、党建、安全维稳），调整管理架构，规范管理流程。改进管理方式，提高管理效能。强化绩效考评，增强发展动能，推动学校持续、健康、和谐、稳定发展。

五是强化纪律规矩，锤炼良好作风。从自身做起，要求全体干部和教职工认真落实中央“八项规定”和各级关于加强党风廉政建设的意见，强化组织纪律和政治规矩，做到围绕中心、服务大局、政令畅通、令行禁止；强化工作纪律和责任规矩，做到严格制度、盯班盯岗、履职尽责、教书育人；强化财经纪律和廉洁规矩，做到严格手续、层层把关、明确责任、堵塞漏洞；强化生活纪律和品德规矩，做到严格自律、端正“三观”、坚守底线、拒腐防变，着力打造一支忠诚、干净、有担当的干部、教师队伍。

总之，在今后的工作中，我将紧紧围绕学校发展大局，从全体师生不满意的事抓起，从全体师生最希望办的事做起，切实改进作风，务实工作，努力向党和人民交上一份合格的答卷。

心 路

有了上次民主生活会的经验，这次我决定弥补上次会议的“缺憾”。我利用这个机会，把学校的工作好好捋一捋，引导大家聚精会神抓工作，一心一意谋发展。

为此，我对会议议程进行了微调，在规定程序之外增加了一个环节，就是问题研讨。具体是在每个班子成员发完言，大家互相提出批评意见之后,我根据每个成员的职责分工,就其重点工作提出三个问题:第一,这项工作的现状怎样?上级有什么新政策或新要求?第二,这项工作存在什么问题?原因是什么?第三,这项工作如何改进?能否成为学校特色?大家对每一个问题展开讨论,首先由我进行陈述,然后我带头积极发言,同时做“导演”,引导其他成员参与讨论,最后我再作简单小结。这一招收到奇效,大家放下包袱,敞开心扉,踊跃发言,有人“红了脸”,有人“出了汗”,有人“惊了心”,有人“开了窍”。本来计划开一个小时的会议,愣是开了三个多小时,会后大家都感觉意犹未尽。

我事后回味,这次会议达到了预期效果,让每个班子成员都能看清形势、找准方向、摸清问题、定准思路、拎清任务、瞄准目标、搞清重点、精准发力、分清责任、核准绩效,统一了思想,达成了共识,增进了团结,凝聚了发展合力。

事实证明,只要不想走形式,就一定能取得实效。

场景二十七

新年致辞，要说擘画蓝图鼓斗志的话

场景

2019年12月30日，学校按照惯例举行元旦文艺晚会。作为校长，我第二次站在台上致新年贺词，心情激动不说，关键要有新词说，不能和去年的词重了。

说话

岁月不居，时光如流。在这祥和辞旧岁、欢乐迎新年的美好时刻，我谨代表学校向辛勤工作的老师们致以崇高的敬意，向刻苦学习的同学们表达良好的祝愿，向关心、支持学校发展的各级领导、社会各界和全体家长朋友们表示衷心的感谢！

回顾2019年，我们过得很充实，走得很坚定。

过去的一年，我们坚持党建统领。深化主题教育，不忘教育初心，担当教师使命。干群团结一致，师生同德同心，携手砥砺奋进。学校管理初现新气象,干部言行初展新作风。

过去的一年,我们坚持教学为中心。抓常规固本,抓教研培元;抓集备强筋,抓学科壮骨;抓改革提质,抓创新增效。教学优化趟出新路径,教学质量实现新突破。

过去的一年,我们坚持教师为本。注重强师德、严纪律、树师风,注重学政治、学理论、学方法,注重走出去、请进来、开眼界。教师素养得到新锻炼,教师形象展示新风貌。

过去的一年,我们坚持德育为先。突出习惯养成,严管与厚爱并重;突出育心导行,励志与成长相合;突出培根铸魂,继承与发扬兼顾。为学生成人铺好“阳光路”,为学生成才建起“立交桥”。

过去的一年,我们坚持服务至上。改善教学条件,保障校园安全,优化成长环境;规范校内经营,实施旱厕改造,净化生活环境;开展健康娱乐,解决后顾之忧,创造和谐环境。师生幸福指数有了新提升,“和美”校园建设有了新发展。

回顾2019年,我们有志于梦想,有成于行动,无愧于初心,无悔于担当。展望2020年,我们理想更丰满,目标更高远,责任更沉重,脚步更稳健。

新的一年,我们继续坚持党建统领。用党的思想理论武装头脑,用党的教育方针指引方向,用党的发展理论指导行动,用党的纪律规矩规范言行,切实履行教书育人、立德树人的使命。

新的一年,我们继续秉持“和美”理念。瞄准领跑普通高中、比肩重点高中的发展目标,落实没有最好、只有更好的工作标准,切实履行推动学校稳步提升、高质量发展的重任。

新的一年,我们继续推进全面优化。优化管理,凝聚发展合力;优化教学,激发发展活力;优化生态,增强发展动力。切实履行为党育人、为国育才、为家育兴的重任。

新的一年,我们继续落实发展原则。落实教学为中心,用教学检验管理能力和服务水平;落实教师为本,创设静心教书、潜心育人的良好氛围；落实德育为先，培养“三观”端正、“五育”并举的时代新人，切实履行培育社会主义建设者和接班人的重任。

老师们、同学们：教育的价值在于改变人，贵在有公心；教师的价值在于成就人，贵在有良心；学生的价值在于长成人，贵在有恒心；综合高中的价值在于让教育、教师、学生的价值能够真正实现！士不可以不弘毅，任重而道远。选择综合高中，就意味着要踏平坎坷成大道、斗罢艰险再出发。让我们以坚如磐石的信心去奋斗，以只争朝夕的劲头去拼搏，以坚韧不拔的毅力去创造，共同谱写综合高中乘势而上、逆境图强的新辉煌！

心 路

回顾2019年，可以用两个词概括：紧张忙碌、步步惊心。

说紧张忙碌是因为工作繁重，加班加点。我全年基本上没有双休、没有假期，五加二、白加黑，宵衣旰食，夜以继日。办公室统计考勤时说我在校工作时间居全校第一，是当之无愧的“劳模”！

说步步惊心是因为解决问题，消除危机。上半年忙于建章立制，消除管理危机；忙于理顺关系，消除信任危机；忙于备战高考，消除能力危机。暑假里忙于干部调整，消除人员危机；忙于规范经营，消除隐患危机；忙于教师培训，消除素养危机。下半年忙于谋篇布局，消除发展危机；忙于应对审查，消除名誉危机；忙于清理“闲人”，消除政策危机。其中最大的危机是暑期清理校内经营业户，动了很多人的“奶酪”。一些人就组织起来报复我，到处写匿名信，罗织罪名告黑状，结果都被上级的“火眼金睛”识破。

实际上我是不屑于也没时间跟他们计较这些“烂事儿”。但凡有些年头儿的学校，很多都是“帮派林立”“矛盾重重”，如果陷于其中，你就休想“拔出腿来”。我来这个学校之前就想好了：坚持以“我”为主，坚持依靠“对”的一方，绝不陷于任何“小集体”，努力构建符合学校整体利益的“大集体”。

当校长一年半,我深深地体会到作为单位主要负责人的“苦、辣、酸、咸、涩”,当然也有“甜”。元旦晚会上,校长致辞被安排到第一个,我回顾过去的一年,虽然五味杂陈,虽然经历了激流险滩,但是也享受了成功的喜悦,见证了奇迹的发生。有句歌词说:不经历风雨,怎么见彩虹。因此,这一次的讲话我依然豪情满怀、激情迸发、语调铿锵,给全体师生的印象是前进有方向、发展有力量、未来有希望!

场景二十八

茶话座谈，要说肯定成绩明方向的话

场景

2020年1月6日，学校分别组织召开在职教职工代表座谈会和离退休教职工代表新年茶话会。这是学校第一次举行这样的活动，目的是总结全年的工作，明确来年的计划，统一思想，振奋精神，凝聚合力，加快发展。

说话

2018年7月25日以来，我们一起这样走过——

一、得了一些荣誉

（一）山东省卫生先进单位

（二）山东省艺术教育特色发展重点研究基地

（三）山东省羽毛球特色高级中学

（四）德州市高中教学成果一等奖

(五)德州市春季高考优胜奖

(六)德州市级文明校园(文明单位)

(七)禹城市高考集体三等功

(八)禹城市教育教学工作先进单位

二、做了一些工作

(一)坚持党建统领指引。坚持以党的思想理论指引方向,建立党总支,建设党建办,扎实开展主题教育,落实干部“三进”,不忘教育初心,担当教师使命,矢志为党育人、为国育才。

(二)践行“和美”教育理念。明确“12345”工作思路,以“办和美教育、育时代英才”为发展目标,以“领跑普通高中、比肩重点高中”为发展定位,凝聚发展合力,促进提档升级。

(三)着力提升高考质量。2019年高考,一本114人,二本304人,艺体414人,春考92人,总量810人,创学校历史新纪录。我们大家一起给了市委、市政府、社会各界和全市人民一个满意的交代。

(四)规范学校管理运行。实施扁平化管理,减少“中梗阻”,落实“双向”聘任,杜绝“拉郎配”,确立“四定”标准,消除“不作为”。出台制度32项,着重规范招标采购、财务报销、专业培训、教辅订购、荣誉评审等,扬正风、树正气、立规矩、防风险。

(五)打造“五点”创新课堂。改革绩效考评办法,明确学科、班级协调合作导向,追求整体有效。出台教学优化办法,实行年级学科集中办公,推行集体备课,落实教学周清,着力打造“五点四法”创新课堂,凝聚集体智慧,提高课堂效率。

(六)创新思政教育路径。爱国教育拍摄国庆快闪,荣登学习强国。养成教育抓好远足活动、祭孔仪式、军训、成人礼、开学典礼、毕业典礼、国旗下讲话等系列活动。励志教育端正“三观”,振奋精神,激发学生发展内驱力,落实全员、全过程育人要求。

(七)助力教师专业成长。建立和美教育大讲堂,邀请九科教学专家、高考专家来校传经送宝。选派教师参加国家和省市级培训,开展

“读书月赛”活动，开展教育部和省、市、县级科研课题研究，让老师们在学习中进步，在研究中成长。

（八）搭建学生成才“立交桥”。坚定实施分层教学、因材施教战略，普通文理教学注重培优、挖潜、补弱，寻找分数增长的突破点；艺体、春考教学注重拓宽专业领域，寻找提档过线的增长点。同时壮大小语种教学，精准寻找增分点，倾力搭建学生成才“立交桥”。

（九）营造和谐幸福校园。通过政府招标，配备班班多媒体、录播教室、巡课系统；通过社会捐助，实施旱厕改造；通过第三方招标，规范校内经营；通过爱心捐赠，奖助优秀贫困生；通过保障福利待遇、倡导全民健身、解决后顾之忧，提升师生幸福指数。

2020年，我们有这样一些盘算——

一、高考树立新目标

一本上线150人，二本上线400人，艺体、春考上线500人，本科上线总量突破900人！

二、工作明确新方向

（一）落实党的集中统一领导。全体教师必须明确“培养什么人、怎样培养人、为谁培养人”的时代命题，树牢“四个意识”，坚定“四个自信”，做到“两个维护”，坚持用党的思想理论指导发展，落实党的集中统一领导，切实担当起立德树人的光荣使命。

（二）擦亮“和美”教育名片。深入挖掘“和美”教育理念的深厚内涵，不断丰富“和美”教育实践。用“和美”理念指导思想，形成学校独有的核心价值体系；用和美理念指导工作，创造学校独有的典型经验成果，让“和美”教育成为我校的靓丽名片。

（三）突出教学中心地位。把是否有利于教学作为检验学校管理能力和服务水平的标准，作为衡量执教能力和从教行为的标准，学校的一切人力、财力、物力向教学倾斜，向一线倾斜。

（四）推动集备、周清走深、走实。要提高质量，落实常规是基础，改革创新是关键。在新课程、新高考背景下，只有推动教学不断革新、不断完善,才能适应新时代人才培养的新要求。

(五)探索学生升学发展新路径。随着新高考政策的落地以及艺考、春考招考政策的变化,我们的教学策略必须随之作出新的调整。要立足学校实际,积极开展差异化教育,探索学生升学发展的新路径,努力让更多的孩子考上理想的大学。

(六)积极争取综合高中试点。成为全省综合高中试点校,最直接的益处是学生可以选择拿中职毕业证、参加春考。根据国家和省关于高中段学校发展的政策,鉴于我校的生源基础和面临的形势,这可能成为今后影响我校生存发展的一个关键所在。

(七)推进教师读书学习活动。围绕“为了谁、依靠谁、我是谁”时代要求开展研讨,找到思想坐标和心灵归属。深入开展读书月赛,落实有效阅读,打造书香校园,建设沟通交流展示平台,让老师们在阅读中增学养、强素养、提修养,做学生的读书榜样。

(八)启动办学条件升级工程。计划通过政府招标采购,引进教学管理系统平台,试建智慧教室,为全体教师更换办公电脑和桌椅,用现代技术手段提高教学和学习效率。建设实训中心和多功能礼堂,满足学生专业训练和项目活动开展需求。

(九)进一步提高师生幸福指数。聚拢社会爱心,增加和美奖助金的发放。调整绩效工资,提高发放标准,增加教师获得感。举行工间操比赛、趣味运动会等,调节教师身心。关心教师的生活,解决其实际困难,为教师创设静心教书、潜心育人的良好氛围。

2020年,让我们携手同行,逐梦未来!

心路

学校自1958年建校,在偏僻的乡镇34年,1992年搬到县城,至2019年又过了27年。60多年的风风雨雨,一代又一代人艰苦奋斗,成就了学校今天的崭新局面,使学校达到了历史发展的最好时期。年前召开在职教职工和“五老”代表座谈会，请离退休的老领导、老教师、老党员、老职员、老校友回到曾经工作、学习、生活的母校，了解学校发展取得的辉煌成就，畅谈学校未来的发展前景，提出改进工作意见、建议，这是我当校长以后第一次组织这样的活动。没想到，这些“老人”参与的热情非常高，大家既感到无比激动，又感到无比自豪。

俗话说：家有一老，如有一宝。对学校而言，离退休的教职工也是“宝”。他们始终牵挂学校、心系学校。他们非常乐于宣传学校、支持学校，是学校发展不可缺少的积极力量。后来，我把材料印发给全体在职教职工和离退休教职工，春节走访慰问的时候，除了带慰问品，还带着一份工作情况汇报和一封慰问信，让大家了解学校、宣传学校，树立学校良好的社会形象。

学校召集在职干部、教师代表进行座谈，主要目的也是介绍学校一年来取得的发展成就，提振士气、振奋精神，坚定发展的信心。同时统一对内、对外宣传的口径，弘扬正能量，树立好形象，拓展学校发展空间。

场景二十九

疫中誓师，要说共克时艰创佳绩的话

场景

2020年2月26日，在严峻的疫情防控形势下，学校利用多媒体教学录播室，面向全体高三学生网上直播决战高考百日冲刺誓师大会。我被安排压轴，作分量最重的讲话。

说话

2020年春节，注定非比寻常，令我们终生难忘！

面对新冠肺炎疫情，党中央总揽全局、英明决策，各级党员干部冲锋在前、顽强拼搏，广大医务人员义无反顾、日夜奋战，全体部队官兵闻令而动、敢打敢拼，广大人民群众众志成城、守望相助，全国各行各业同舟共济、共克时艰，海内外中华儿女团结一心、携手并肩，构筑起一道道坚不可摧的钢铁长城，成功遏制了病毒肆虐，赢得国际社会的广泛赞誉。在党中央的坚强指挥下，在全国人民的共同努力下，我们相信:武汉必胜！湖北必胜！中国必胜！

灾难就是鲜活的教材、人生大课。在磨难中成长,在灾难中奋起,是我们中华民族的特质。在这场灾难中,我们看到团结的中国、强大的中国、有力的中国,我们要更加热爱无比伟大的党、繁荣昌盛的祖国。在这场灾难中,我们看到生命的脆弱、人类的渺小、自然的强大,我们必须要尊重生命、敬畏自然,学会与大自然和谐相处。在这场灾难中,我们看到钟南山院士的自信、李兰娟院士的忘我、李文亮医生的坚持,我们必须要学会承担责任、担当使命,传播正能量。在这场灾难中,我们看到科技的力量、规则的力量、坚持的力量,我们必须相信科学、遵守规则,以钢铁般的意志坚持到底。在这场灾难中,我们看到最美逆行者、最强守护者、最好奉献者,我们必须学会去爱、学会感恩,努力做一个传播爱、奉献爱、充满爱的人。

希望全体同学在这一次灾难中,都能实现思想的扎根、品性的拔节、生命的成长！

而成长,总是离不开一次次的考验。再过100天,高三同学将迎来高考——你们人生的第一次大考。

2020年高考,我校的目标是本科突破900人。完成这个光荣、艰巨的任务,需要全体老师、同学、全体家长共同努力。

家长们的努力你不用担心,他们有望子成龙的渴望,有为人父母的担当,有掏心掏肺的付出,必不会稍有疏忽。

老师们的努力你不用担心,他们有敢于亮剑的精神,有团结协作的智慧,有为人师者的情怀,必不会稍有懈怠。

而最关键的是同学们,你们怀揣着鱼跃龙门与驰骋天下的梦想,也承载着家长热切的苦心与老师殷切的期望。

未来100天,希望你们瞄准目标,目光穿越屋檐,瞄准天上的星星,竖起人生的标杆,长成最好的自己。

未来100天,希望你们坚定信念,不畏惧、不犹豫、不彷徨,勇敢接受挑战,咬定目标勇往直前。

未来100天，希望你们全力以赴，以坚韧不拔的意志、攻坚克难的勇气，不断攀登新高度、提升新境界。

未来100天，希望你们放平心态，笑看风云起，稳坐读书台。按照既定的步伐和节奏，行得端方、走得稳健。

未来100天，希望你们锻炼好身体，让健康的身体承载你奋斗的精神，让强健的体魄托起你远大的志向。

同学们，百日内的拼搏，是你一生的宝贵回忆；百日后的选择，是你人生的重要起点。希望全体同学都能拼出人生的华彩乐章，成就人生的美丽梦想！

同学们，加油！老师们，加油！

我们大家一起加油！

心路

2020年的春节注定要被载入历史史册！大年初一刚过完，大年初二(1月26日)党中央一声令下，全国闻令而动，禹城全域摁下“暂停键”。各单位“一把手”坚守阵地，党员干部组成“先锋队”进驻居民小区值班值守。上下同心、众志成城，坚决打赢疫情防控阻击战。也就是从那时起，全体师生进入线上教学模式，开始了居家工作、学习的生活。

虽然疫情肆虐，但是教学不能停，质量不能丢，要同时打赢线上教学突击战。双线作战，双线齐发，只许胜利，不许失败。那是一段无比艰难也无比充实的时光。

为了保证线上教学质量，学校专门开会认真分析，仔细研究，制定线上教学实施方案，创立“两纵、两横、两平台”网格化线上教学管理范式。

“两纵”是指两条纵线。一条纵线是学科教学线，由“年级主任—年级教学主任—学科组长—任课教师—学生”组成，主角是任课教师，负责根据课程安排，实施线上教学。另一条纵线是思政管理线，由“年级主任—年级政教主任—班主任—学生”组成，负责根据思政课和纪律作息安排，实施学生思政教育和学习纪律管理。

“两横”是指两条横线。一条横线是教务督评线，由“校长—业务副校长—教务主任—教务员”组成，负责对各年级、各学科教师教学常规落实情况进行统计汇总、督查考评。另一条横线是管理巡查线，由“校长—政教副校长—政教主任—政教员”组成，负责对各年级班级线上思政课教学实施、学生作息纪律管控情况进行巡查。

“两平台”是指两个管理支撑平台。一个是技术服务平台。学校与新华书店合作，采用课后网线上教学平台实施学科教学，用钉钉网实施班级管理和作业批改、考试考评。另一个是综合管理平台。建立线上教学管理例会制度，利用网上视频会议系统定期召开工作例会，校长主持，相关校级领导和年级主任参加，及时汇总线上教学和管理情况，分析存在的问题，制定下一步工作措施，保证线上教学有序、有效进行。

现在看来，这套方案有两个特点。一是超前性。上级来禹城督导线上教学，召集各高中汇报情况，其他高中没有这样的方案，我校的做法受到表扬。此后两年各地的线上教学做法与我校的做法大同小异。二是实用性。这套方案非常实用，也很有实效。这从高三一练、二练考试成绩与年前（疫情发生前）期末考试成绩基本相平就能证明，从2020年我校高考取得历史最好成绩更能够证明。

从线下搬到线上，教育教学环节一个不能少。这次线上百日誓师就是高三年级组织的，给我录了一段视频讲话。疫情给了我现成的思政教育材料，我用全国人民同心抗疫的感人事迹来加强对学生爱党、爱国、爱人民、爱中华民族的思想教育，用抗疫现场“逆行者”的英雄事迹来加强对学生责任担当、勇毅前行的行动教育，再好不过！

雄壮的国歌加上我的热情讲话、家长的热切期望、老师的热心指导、学生代表的铮铮誓言，最后老师们以学科组为单位共同向学生表达最美好的祝福，整个活动非常圆满！

场景三十

疫中复学,要说勇毅前行争鳌头的话

场景

2020年4月27日,学校在和美楼前青春广场举行疫后复学的第一次升旗仪式。我作国旗下讲话,分析严峻的形势,激励大家勇毅前行占鳌头,不负青春争桂冠。

说话

今天的升旗仪式意义非凡!在这明媚的春天,面对庄严的国旗,我想对同学们说三句心里话:

第一句心里话:纵观天下大势,风景这边独好。

今年这个春天非比寻常。新冠肺炎疫情全球大流行。截至昨天(2020年4月26日),海外累计确诊病例290多万,死亡病例20多万;美国累计确诊病例98万,死亡病例5.5万;欧洲的西班牙、意大利、法国、德国、英国等国家,累计病例都超过15万,死亡病例除德国外都超过2万。而我国累计报告确诊病例8.2万多,死亡4600多人。这表明,我国的防疫非常成功。目前,国内防控形势持续向好,经济逐渐恢复,社会安定有序,人民安居乐业;而国外正水深火热,医疗体系瘫痪,经济停滞不前。可以说,纵观天下大势,风景这边独好。

疫情发生以来,我国采取了最全面、最严格、最彻底、最有效的防控措施。党中央高瞻远瞩,习近平总书记亲自指挥,党员干部冲锋在前,全国上下团结一心,平民英雄不断涌现,让我们时刻处在感动之中。在这场战役中,党的集中统一领导作用得到集中呈现,社会主义制度的强大优越性得到集中体现,中华民族的传统美德得到集中展现。我们以惊人的速度、骄人的战绩向全世界展示了中国担当、中国力量、中国效率与中国精神。我们没有任何理由不热爱我们伟大的祖国!没有任何理由不热爱我们伟大的民族!没有任何理由不热爱我们伟大的中国共产党!我们为祖国而喝彩,为民族而自豪,为党的领导而纵情歌唱!为盛世中华而慷慨激昂!我骄傲,我是中国人!

第二句心里话:师生尽显风流,展示别样风采。

在这场疫情防控阻击战中,我校党员干部和全体师生也有出色的发挥、上佳表现。接到抗击疫情的命令,校委会第一时间行动,组织全体党员干部冲上一线,在学校、家属院和“三无”小区门口,他们风雨无阻、坚守岗位、履职尽责,筑起坚强牢固的第一道防线。在防控激战最酣的时候,他们扛起责任、冲锋在前,上特别的党课,交特别的党费,付出特别的行动,充分表现出党员本色。在开学验收的关键时刻,他们以校为家,不怕苦、不怕累,加班到深夜,鏖战到黎明,为的就是让同学们安全、顺利开学。他们以优异的成绩和表现,诠释了一名党员干部的初心使命和责任担当。

疫情虽阻断了课堂,却阻断不了老师们工作的热情。他们线下精心备课,线上激情四射。通过空中课堂,他们勤勤恳恳地教书,呕心沥血地育人;通过钉钉课堂,他们天天与同学们相伴,时时与同学们交流。他们成了最美的主播,成了最具人气的“网红”。他们付出无数的心血和汗水，为的就是让同学们能够好好学习、天天向上。而同学们的表现同样出色，在老师的教导下，你们不仅学到了书本知识，学到了防疫知识，学到了发展本领，学到了爱国情怀，而且学会了自主，学会了自律，学会了尊重生命，学会了敬畏自然，实现了青春的拔节，获得了生命的成长。可以说，在这场战役中，在这个春天里，我们学校的所有人都展现出奋斗者的姿态，展示出奋进者的风采。请为我们大家点赞，大家都是好样的，大家都是新时代最优秀的综合高中人！

第三句心里话：坚定必胜信心，全力决战高考。

同学们，今天距离高考还有70天。每一周、每一天都弥足珍贵，每一时、每一刻都不容虚度。在这疫情防控形势依然严峻，备战高考紧锣密鼓的关键时刻，希望同学们跟紧老师的节拍，一步一个脚印，每天收获进步。在此，我送给同学们四点忠告：

第一，要全面防疫保安全。当前，疫情防控的警报依然没有解除，同学们要严格遵守防疫要求，认真落实防疫常规，全面做好自我防护，积极参加体育锻炼，确保自身安全、身体健康，以良好的身体素质赢得高考。

第二，要坚定信心不言败。信心会让你充满力量，信心会让你勇往直前。同学们要坚定必胜的信念，全力以赴、永不言败、奋勇向前，瞄准既定目标，积极投入学习，昂首阔步冲刺，以良好的心理素质赢得高考。

第三，要讲究方法提效率。科学的方法是成功的保障。要想在有限的时间内取得最大的效果，没有科学的方法是不行的。所以，同学们要按照老师的指导，采取科学的方法来学习，不断提高学习效率，以高效的学习方法赢得高考。

第四，要心态平和放手搏。在这70天的时间里，胡思乱想、患得患失、怨天尤人起不到任何作用，反而徒增压力和烦恼。只有心无旁骛、专心致志，才能百尺竿头、更进一步。希望同学们放平心态，放手一搏，以理性、睿智、平和赢得高考。

校长有话说

同学们，没有一蹴而就的成功，只有踏踏实实的坚持。坚持到底，高歌奋进，只争朝夕，不负韶华，让我们用积极的行动谱写青春的美丽，用勇敢的拼搏成就人生的壮美，用卓越的表现交上一份高中阶段的优秀答卷！

心 路

从2020年1月26日开始抗疫行动，到4月27日三个年级全面复学，整整三个月。在疫情尚未结束的情况下，高中率先全面复学。这体现了各级党政和教育主管部门对高中、高考的高度重视，同时也给全体党员干部和全体师生提出了更加严峻的考验，既要保证疫情防控安全，又要保证线下教学顺利，的确非常不容易。为此，从4月16日高三率先复学开始，我和全体班子成员24小时在学校盯靠，不敢稍有懈怠。4月27日全面复学后，教育局也派出专门的工作组，在学校督查指导工作达一个月之久。山东省及德州市也一次又一次地到校督查。在这期间，我们梳理形成了一整套疫情防控规范操作流程，作为禹城学校防疫样板推广。我亲自操刀，先后拟定了六套师生防疫行为规范要点、各区域防疫要点、日常防疫要求明白纸等。团委办公室拍摄了《学校的一天》防疫常规视频短片，被学习强国采用。这三个月，全体党员干部和全体师生经受住了抗击疫情和线上教学的双重考验，涌现出一批先进典型，交出了一份优秀的答卷，受到各方一致好评。

全面复学后的第一次升旗仪式是一个鼓舞工作斗志、振奋学习精神的关键节点，是一个弘扬抗疫精神、激励接续奋斗的绝佳时机。因此，在讲话中，我按照惯例讲了三句心里话。

第一句心里话是赞颂我们敬爱的党、敬爱的祖国。通过中外对比，彰显了我党人民至上的执政理念，彰显了我国社会主义制度的优势，彰显了中华民族的团结一心、众志成城。这句话也说出了全体师生的共同心声，引发大家雷鸣般的掌声。

第二句心里话是赞扬我们优秀的党员干部、优秀的教师和学生。党员干部冲锋在防疫一线,尽显初心使命与责任担当,教师和学生奋战在教学一线,尽显师者情怀与学子风范。大家都是新时代最优秀的综合高中人。

第三句心里话献给还有70天就要参加高考的高三学子。期待他们用积极的行动谱写青春的美丽,用勇敢的拼搏成就人生的壮美,用卓越的表现交上一份优秀的答卷!

场景三十一

支委换届，要说把舵定向守规矩的话

场景

2020年5月15日，学校举行总支部委员会换届选举。这是一次严肃的政治活动，必须严肃认真、严丝合缝，绝不能出任何纰漏。为此，我本着认真负责的态度，精心准备了讲话。

说 话

（选举前我先跟参加会议的离退休老领导、老党员问好。）

今天，我们荣幸地邀请到学校离退休的老领导、老党员前来参加会议，我感到非常高兴！

首先，我代表学校对大家表示热烈的欢迎并致以崇高的敬意。从你们身上，我看到了一名共产党员纯正的党性、高度的原则性、严肃的组织纪律性。你们都是纯粹的共产党员，是学校全体在职党员干部的学习楷模。

其次，我代表学校对大家表示衷心的感谢。各位老领导有的在学校工作十几年，有的工作了几十年，学校的一草一木都浸透着大家的心血和汗水，学校的一砖一瓦都刻满了大家的付出与贡献。你们给学校留下了宝贵的精神食粮和物质财富，为学校发展打下坚实的基础，全校师生都要感谢你们。

最后，恳请各位老领导继续关心学校、支持学校。各位老领导对学校都有着深厚的感情，希望我们携起手来，共同努力，把学校的事办好，让学校发展得越来越好，让综合高中成为我们共同的骄傲，成为我们永远的精神家园。

（选举中我代表上届总支部委员会作党建工作报告。）

目前，综合高中党总支所属三个党支部，共有党员81人。两年来，综合高中党总支全面贯彻党的教育方针，以“办和美教育、育时代英才”为办学目标，严格按照“围绕教育抓党建，抓好党建促发展”指导方针，认真落实党建工作各项要求，积极探索特色发展之路，全面创办人民满意的学校，教育教学质量不断提升，各项工作呈现出健康、持续、良好的发展态势。现报告如下：

一、抓实思想建设，提高政治站位，发挥核心领导作用

全面坚持党的领导。学校总支委肩负着指导全校改革发展的重任，为保证履职尽责，主要抓了四项工作：

（一）抓好政治学习，保持工作方向。认真学习领会党的十九大报告、十九届四中全会精神和《深入学习习近平关于教育的重要论述》，扎实开展“不忘初心、牢记使命”主题教育，坚定“四个意识”，坚持“四个自信”，坚守“两个维护”，不忘教育初心，担当教师使命，矢志为党育人、为国育才，始终在党的政策指引下开展教育工作。

（二）明确工作思路，统一思想认识。紧紧围绕市委、市政府和市教育局总体部署，确立了以“办和美教育、育时代英才”为发展目标，以“领跑普通高中、比肩重点高中、创建现代优质高中”为发展定位，以“管理优化、教学优化、教师发展、学生发展、幸福校园建设”为发展重点,以“抓实质量、抓牢安全、抓强队伍、抓好作风”为发展主线的工作思路,凝聚发展合力,促进提档升级。

(三)完善管理机制,抓好工作落实。建立总支委成员分工负责制,加强行政管理;建立校委会领导下的级部负责制,加强年级管理;建立学科委领导下的学科组负责制,加强教学管理;建立校委会成员、年级主任、科室主任值班督查巡查以及日查、日报、日改制度,加强过程管理,推动工作落实。

(四)加强廉政建设,锤炼务实作风。定期召开教代会、校委会,落实“三重一大”制度,重大问题集体决策。开展校委会成员进课堂、进班级、进学科“三进”活动,深入一线,靠前指挥。落实“八项规定”,规范财务管理,定纪律、立规矩,筑牢“防火墙”,有效预防杜绝各种违纪违规现象。

二、抓实组织建设,提高管理效能,发挥战斗堡垒作用

党支部是学校的战斗堡垒。围绕发挥各级组织的战斗堡垒作用,主要采取了四项措施:

(一)落实党建职责。定期召开党支部会议,组织开展“三会一课”“党员活动日”和民主生活会,认真学习党章、摘编、十九大报告以及十九届二中、三中、四中、五中全会精神等,开展驻村帮扶和困难学生救助,保证党建经费,加强阵地建设,注重发展党员,发展新党员1名,培养积极分子2名。

(二)加强制度建设。制定和修订了荣誉产生办法等涵盖办公运转、教育教学、财务基建、年级学科、值班考核等方面的制度40多项,优化、细化、规范工作流程,强化督查通报工作落实,切实保证制度的有效性,力争使学校各项工作都做到有章可循、有法可依、有法必依、有条不紊、落地有声、扎实推进。

(三)规范管理运行。实行扁平化管理,减少“中梗阻”,落实“双向”聘任,杜绝“拉郎配”。确立“四定”(定岗、定员、定责、定效)标准,消除“不作为”。建立党总支领导下的教代会、校委会、校长办公会、年级办公会、专题论证会等制度，配套推行年级负责制、学科负责制、教师聘任制、绩效考核制、一岗双责制，规范管理运行，提高治理水平。

（四）实施分类考评。对年级、班级、学科、处室等单位和年级主任、班主任、学科委主任、学科组长、教师、职员等岗位，分别出台考评办法，定期表彰学期优秀和学年优秀人员，落实奖惩机制，激发活力，提高效能。每学期都对成绩优秀、表现突出的优秀学生发放和美奖学金，激发学生学习的积极性。

三、抓实队伍建设，提高能力素养，发挥先锋模范作用

党员干部的素质决定党组织的战斗力。为提高党员干部和教师的素质，主要做到四个注重：

（一）注重搭建学习平台。建立和美教育大讲堂，定期开展党员干部理论学习、主题教育学习测试、典型案例警示教育、赴齐禹革命纪念馆参观学习等活动，提高党员干部的政治素养，提升其工作能力。截至目前，组织校级领导讲党课6次，组织专家作高考备考专题培训1次、作家校合作育人报告1次；组织18名教师开展“有效教学”教师读书交流；组织12名教师开展校级优质课评选活动。2月5日，学校各党支部给全体党员上了一堂特别的党课，要求全体党员“亮身份、争先锋”，以实际行动践行初心、担当使命，扛起学校疫情防控第一责任。

（二）注重党员示范引领。设立党员示范岗，充分发挥党员干部的模范示范作用；设立党员先锋岗，疫情防控期间全体党员干部冲锋在防控一线，对学校家属区和“三无”小区进行逐户排查，全天值班，严防死守。2月3日，党总支发出缴纳特殊党费倡议书，广大党员干部捐款1.05万元；全体教职工积极响应，累计捐款4.04万元。开学前期，全体党员干部每天早出晚归，坚守岗位，成为群众心中一道亮丽的风景线。

（三）注重提高教师素养。确立教师成长工作重点，积极开展教师读书月赛活动，组织教师通过学习强国文章来学政治，通过学习教育书籍（《有效教学》）来学理论，通过开展学科阅读来学方法。邀请九科教学专家、高考专家来校指导，推行集体备课，落实教学周清，不断提升教师的专业素养和授课水平。

(四)注重强化工作激励。重新修订、完善并施行了年级、班级、学科、处室各层面的绩效考核制度,在评优评模、干部任用、职称评聘等方面向一线教师倾斜,充分调动干部、教师、职员各方面的工作积极性。加强名师培养,强化学科教研,使骨干教师脱颖而出,切实起到模范带头作用。

四、抓实工作根本,提高育人水平,办好人民满意的学校

办好人民满意的教育、完成立德树人任务是党对教育发展的根本要求。为进一步提高办学水平,重点抓了四个方面:

(一)抓质量,让更多孩子成才。坚定地实施分层教学、多元发展战略,普通文理教学注重培优、挖潜、补弱,寻找分数增长的突破点;艺体、春考教学注重拓宽专业领域,寻找提档过线的增长点;同时壮大小语种教学,精准寻找增分点,倾力搭建学生成才"立交桥"。2019年高考本科总上线810人,创学校历年新高,被市委、市政府记功嘉奖。2020年高三一练取得优异成绩,一本上线137人,二本上线375人,为夺取今年高考的胜利打下良好的基础。

(二)抓教学,牢牢把握工作核心。突出教学核心地位,狠抓常规落实,夯实教学推进基础;狠抓课堂教学,打造"五点"创新课堂。出台教学优化办法,实行年级学科集中办公,推行集体备课,狠抓学科教研,着力优化教学过程,提高教学质量。

(三)抓养成,创造良好的育人氛围。创新思政教育路径,提升学生的综合素养。养成教育抓好远足活动、祭孔仪式、军训、成人礼、开学典礼、毕业典礼、国旗下讲话、自律德育课程等系列活动;爱国教育拍摄国庆快闪,自律教育拍摄学生一日常规,荣登学习强国;励志教育端正"三观",振奋精神,激发学生发展的内驱力,落实全员、全过程育人要求,让学生既成人又成才。

(四)抓稳定,营造和谐的生态环境。坚持以人为本,强化学生管理,制定学生管理制度36项,分岗位值班,分时段巡查,家校联防、环环相扣、责任清晰,建立全天候、无缝隙的学生管理模式,保证学生安全。注重教师人文关怀,通过组织健康体检、举办文体活动、解决生活难题、开展走访慰问、送上生日祝福和生育祝福等,保证教师身体健康、精神愉快,着力打造幸福校园。学校呈现出安定和谐、积极向上的良好氛围。

各位领导、同志们,过去两年我们虽然取得了一定的成绩,但仍然存在诸多问题,比如高考政策变化、育人方式改革、师资匮乏、条件简陋等,这些问题制约着学校的发展,需要我们认真加以解决。面对莘莘学子的期待,我们深感责任重大;面对社会各界的要求,我们深感使命光荣;面对严峻复杂的形势,我们深感任务艰巨。我们的工作原则是工作干好事、不出事,我们的工作标准是成绩只能上、不能下,我们的工作追求是发展没有最好、只有更好。

今后,我们将充分发挥党组织的战斗堡垒作用和党员干部的先锋模范作用,团结带领全体教职员工,俯下身子、迈开步子、甩开膀子、苦干实干,着力促进综合高中管理服务、教学质量的全面提档升级,奋力开拓综合高中逆境图强、跨越发展的崭新发展境界,努力向54万禹城父老乡亲交上一份合格的答卷。

(选举结束,新一届支部委员会产生,我提要求。)

根据教育局党组和局领导的意见,我代表学校对新一届党总支部和全体党员干部提几点希望和要求:

第一,要讲政治、守规矩。讲政治就是要全面深入学习贯彻习近平新时代中国特色社会主义思想,始终和党中央保持高度一致,坚定"四个自信",树牢"四个意识",坚决做到"两个维护"。守规矩就是严格遵守党章党规,遵守党纪国法,严格遵守党的政治纪律和政治规矩,不碰红线、不越底线,明规矩理,做规矩人、办规矩事。

第二,要讲团结、顾大局。忠诚是团结的前提。全体党员干部要忠诚于党、忠诚于人民、忠诚于学校,要一切以教育事业为重、以教育发展为重、以学校大局为重,紧密团结,同心同德,共同把学校建设好、发展好、维护好。

第三，要讲奉献、做表率。当前，学校正处在负重爬坡的关键阶段，处于滚石上山的关键时刻。改革创新、提质增效的任务十分繁重。各支部要充分发挥战斗堡垒作用，全体党员干部要充分发挥先锋模范作用，干事业、建功业、讲奉献、做表率，带领全体教职员工攻坚克难、砥砺前行，推动学校沿着正确的道路不断前进。

第四，要讲实干、创业绩。空谈误国，实干兴邦。只有用真心、真用心，真用力、用真力，一锤接着一锤敲，一步一个脚印走，才能创造实实在在的业绩，取得实实在在的发展，才能让各级领导放心，让社会各界信任，让学生家长满意，学校才能实现可持续、高质量发展。

第五，要讲廉洁、树正气。公生明，廉生威。一名干部，只有廉洁自律，才能行稳致远；一个单位，只有风清气正，才能本固邦宁。所以，全体党员干部务必要自重、自省、自警、自励，坚守初心，保持本色，勇于作为，担当使命。学校工作必须依纪依规、依章依法，把权力关进制度的笼子里，打造清明、清朗、清新的学校政治生态，让学校实现良性、有序的发展。

同志们，这次大会在全体党员的共同努力下，圆满完成了预定的各项任务。大会自始至终严格按党章规定的程序，坚持民主集中制原则，充满了民主、团结、求实、奋进的浓厚气氛。这次大会全面总结了我校几年来在党的建设方面取得的成就，实事求是地分析了存在的问题，进一步厘清了思路，明确了奋斗目标和工作重点。大会经过充分酝酿和民主选举，产生了中国共产党禹城市综合高中新一届党总支部。这次大会是一次团结的大会，鼓劲的大会，振奋精神的大会，开拓进取的大会。

我们要认真执行大会的各项决议，努力完成大会确定的各项任务，在教育工委和学校党总支部的坚强领导下，团结带领全校广大党员干部，解放思想，振奋精神，不断提升学校党建工作科学化水平，为实现党总支和学校建设“和美”教育工作总目标作出新的更大的贡献。

心路

党建是学校的头等大事！我担任校长后,积极推动学校党组织升级,并于2018年11月被批准设立党总支。学校党总支下设三个党支部:第一党支部为一线教师党员,第二党支部为后勤科室职工党员,第三党支部为离退休教职工党员。健全了组织机构,同时成立党建办公室,负责学校党建日常工作,规范党员管理,完善组织生活。从此之后,学校党建工作步入正轨。

2020年5月,全县教育系统学校党组织进行统一换届,学校根据上级要求,组织82名党员召开支委换届大会,按照组织程序,顺利完成了换届。因为这次参加会议的党员比较齐,尤其是一些离退休老领导、年龄大的老党员也赶来参加,机会难得,所以,我在会议之前先对全体老同志表达了敬佩和感激之情,让他们感受到学校还想着他们、重视他们,没有忘记他们作出的巨大贡献。他们都感到心里热乎乎的。在工作报告当中,我说的都是这几年学校取得的辉煌成就、发生的巨大变化和未来的发展蓝图,基本都是“干货”。聚拢人心,达成共识,凝聚发展合力。最后我对新当选的支委班子提出五项要求,充满正知、正念、正能量,让大家感受到学校创新实干的工作作风和风清气正的发展局面。从此之后,学校党建工作步入快车道。

根据山东省关于学校党建“一校一品”工作要求,结合学校“和美”教育办学理念,确定创建“党徽熠熠,和美共生”党建品牌。“党徽熠熠”是指学校发展必须坚持党的教育方针,落实“为党育人、为国育才”办学宗旨,办好人民满意的教育;必须坚持党建统领原则,把党的要求贯穿全部工作,用党的精神引领全体师生,让党的光辉照耀整个校园。“和美共生”是指通过全面加强党的建设,促进党建要求与教育教学深度融合、血肉相连。党员干部与师生和员工风雨同舟、荣辱与共,党建创新与教学改革水乳交融、互促共进,党建品牌与学校特色互为表里、同体共生。

大会确立了“三进、三学、示范岗、双培养、结对子、争先锋”六项品牌支撑。具体内容是：

干部“三进”。校级领导进课堂、进班级、进学科，一线调研、一线决策、靠前指挥，提升教学管理时效，真正把“想在基层、干在基层”要求落到实处。

全员“三学”。全体干部、教师学政治，提高思想境界；学理论，提高专业素养；学业务，提高教学本领，真正把“锻炼思想、提高本领”要求落到实处。

党员“示范岗”。全体党员干部亮明身份，挂牌上岗，当标兵、做表率，带着大家干、干给大家看，真正把“以身作则、率先垂范”要求落到实处。

优秀“双培养”。把党员培养成优秀教师，把优秀教师培养成党员，壮大党员队伍，激发组织活力，真正把“增强凝聚力、提高战斗力”要求落到实处。

帮扶“结对子”。党员干部与工作、学习、生活上存在困难的师生结成对子，真情帮扶、精准帮扶，真正把“从群众中来、到群众中去”要求落到实处。

争当“急先锋”。在学校一切急难险重任务面前，全体党员干部知难而进、迎难而上、争做先锋、攻坚克难，真正把“干事创业、担当有为”要求落到实处。

通过一年的努力，2021年7月，我校被德州市教育工委授予德州市中小学党建工作“一校一品”品牌学校。

场景三十二

疫中招生，要说低进高出能增值的话

场景

2020年6月12日，在疫情中，教体局举行中考招生工作部署会议。我在会上面向全体初中校长发言，讲我校低进高出、增值显著的教学成绩，以此来打动人心。

说话

借此机会，我跟大家汇报四方面的内容：

第一，服从教体局党组决策。今年，局党组对高中学校确定了新的办学定位、管理策略和招生政策要求，我校对此绝对服从，并在此基础上履行办学责任，抓好工作落实。

第二，努力为禹城高考作贡献。近年来，我校高考取得了连续七年增长的成绩，为禹城高考排名德州县市前三作出了应有的贡献。从高三一练、二练成绩看，今年我校高考成绩有可能实现新的突破，有可能为禹城高考作出更大的贡献。

第三,我校有实力培养优秀的学生。对比近几年招生录取和高考成绩数据,我校能把中考全市前1200名的学生全部培养成一本,能把中考全市前1900名的学生全部培养成二本。有部分名次非常靠后的学生,比如伦镇中学毕业的岳××,中考全市排名2800,考入曲阜师范大学,上了一本;齐鲁中学毕业的马××,中考全市排名3117,考入山东交通学院,上了二本。这说明我校有实力培养优秀的学生,让学生跨越大幅度名次升本。

第四,恳请各位校长指导优秀的学生报考我校。今年我校招生1300人,分两个批次录取。我想特别提醒大家:对于第一批次录取、一志愿报考我校的考生,我校将组建重点班、配备优秀的师资、整合优质资源,进行重点培养。同时,我校还为一志愿录取的优秀生、特困生制定了奖励政策,激励学生成人成才,恳请各位校长指导优秀的学生报考我校。

心路

生源是高中学校的第一生命。每到招生季,都是我的伤心季,今年尤甚。为什么?因为年前教育局领导班子调整,我去汇报工作,新局长问我的一个问题就是能不能把招生提分政策取消。我一听,坏了,今年的招生麻烦了。

新局长之所以要求我校取消招生提分政策,是因为2019年招生我校的二志愿录取分数线比一志愿提高50分,造成和重点高中的分数线仅仅相差2分,从而导致一大批在重点高中招生人数位次边缘、想冲一把而没冲上去的考生也没有被我校录取,被迫去了收费高昂的民办高中。一些家长和学生不反思自身的原因,把责任归罪到我校的招生政策上,于是上访。但是因为事先学校公布的招生简章上说得一清二楚,所以最后也没有得到满意的结果。这事当时在社会上产生了一定的影响,尤其是给在重点高中招生边缘的考生带来了巨大的压力。如果明年继续这一政策,那些边缘生将不敢再冒险,必然会选择报考我校,这也正是我校设立这一政策的初衷,就是想录取一些处于重点中学边缘的“好学生”,为学校的发展增加点砝码。但是新局长显然不这样想。取消提分政策,学校今年的生源质量恐怕会呈现断崖式的下跌。

因为疫情,学校不能深入初中学校进行招生宣传,教育局也不让去宣传。尽管这样,我还是做了最大的努力,在会上着重宣传我们的办学成果,竭力与各位初中校长“套近乎”,会后我又与各位初中校长进行了沟通,企盼招生千万不要太惨。

但是,最后的录取结果还是验证了我事先的判断。当年学生招收了1300名新生,全县中考前1200名中仅14人,比2018年、2019年分别减少35人、13人;全县中考前1800名中仅81人,比2018年、2019年分别减少119人、81人。录取德州市中考前8000名(重点本科生源)仅1人,比2018年、2019年分别减少15人、2人;录取德州市中考前20000名(普通本科生源)仅54人,比2018年、2019年分别减少297人、54人。

这个结果就是一个字:惨!两个字:很惨!但是,低头认栽不是咱的性格。我苦思冥想,用什么样的论调才能说服年级干部和老师们继续不懈劲儿地干,最后得出的结果是:必须破除生源决定论!

场景三十三

水电改造,要说有软有硬有担当的话

场景

2020年6月19日,学校召集家属院水电改造工作组成员、家属院住户代表开会,部署家属院水电改造工程。前期,家属院的水电和学校的水电连成一体,缴费管理分不开,不符合有关政策。经校委会研究,确定启动家属院水电改造工程,实行单独缴费管理。多年积累的问题,涉及一些人的既得利益,这是一块"硬骨头"!

说 话

刚才,××校长和××主任就家属院水电改造前期的工作进行了介绍,就最后确定的方案进行了详细解读,对下一步的工作推进进行了安排。下面,就做好家属院水电改造和规范管理工作,我跟大家交流三个方面的意见:

第一方面:思想认识要清醒。

第一,改造是大势所趋。当前来讲,一方面,机关事业单位的管理必须规范,必须依法行政,规范运行,阳光操作,公平公正,树立风清气正的工作业态。一句话,干什么必须有正事儿。另一方面,各单位存在的不符合规定的问题必须整改。随着中央"八项规定"和党风廉政建设的持续深入,纪检监察部门、审计监督部门对各单位的问题逐一清理,查得越来越细致、越来越严格。其中,家属院管理混乱,水电、维修、人员经费公私不分,这就是典型问题。去年以来,各系统、各单位都对家属院进行了规范和清理,以水利局和教育局为例,去年下半年仅仅用一个多月的时间就整改到位。所以必须改。

第二,改造是上级要求。去年上半年省委巡视期间,局领导就对教育系统家属院管理提出了明确要求。下半年,教育局带头对家属院的水电管理进行改造,迅速落实到位。同时要求各学校也必须按纪检、审计部门的要求对家属院进行规范管理,尤其是水电和维修管理必须合乎相关规定。所以必须改。

第三,改造是群众所盼。暂且不说不在家属院居住的教职工有什么看法,就是在家属院居住的教职工,也都希望住得安心、住得舒心、住得顺心。但实际情况并非如此。家属院没有物业,缺乏专人管理,出现了电动车失窃等现象,还有其他一些问题,能说住得安心吗?目前,家属院的环境卫生不够整洁,公共服务设施不够完备,问题处理机制不够完善,与高档社区的管理服务标准差得很远,能说住得舒心吗?再就是目前家属院内部存在的不平衡、不合理、不公平问题。就拿水电来说,有的有表,有的没表,有的私拉乱接。还有就是有接近一半的住户不是学校职工,而是社会外来人员,一直以来,他们和教职工一样享受优惠政策等。有这些问题的存在,能说住得顺心吗?

因此,打造一个安全有序、文明和谐、环境整洁、管理规范的社区,是全体住户的共同期盼、共同愿望。所以必须改。

第四,改造方案是最优方案。前期,××校长、××主任带领业主代表作了大量艰苦细致的工作，反复讨论、反复商议、反复论证、反复征求意见，最后形成的方案可以说是最优方案、最佳方案。这个方案有两个特点。一是很节省。改造完成花费少的一户才200多块钱，花费多的一户才600多块钱，投入很少。教育局家属院改造每户都拿了五六千块钱。相比之下，咱们这个就很节省了。二是很规范。这个方案是经过多方征求意见、反复论证、招标比价之后确定的，业主代表们都全程参与并监督，每个环节都很扎实，充分尊重了群众意愿，遵守了操作规范，所以，这个方案必须得到执行！

这是我讲的第一层意思，改造是大势所趋、上级要求、群众所盼、改造方案最好。

第二方面：工作落实要到位。

首先，交流要到位。大家入户开展工作，首先要讲清形势、讲清方案、讲清要求，取得一致意见，得到支持。这是基础。

其次，态度要到位。大家开展工作一定要积极主动，讲求时效，不推不拖，要按照时间要求彻底完成工作任务。

再次，方法要到位。要抓好三个方面：

一是抓分工。副校长中除了××校长带高三不安排，其他三位副校长每人承包80户或者两栋楼。在座的大家每人负责本楼道各家各户，明确分工，责任到人，任务到人。

二是抓关键。党员干部要首先带头，一天完成；在职教师员工要带头，两天完成；离退休教职工带头，三天完成；带动其他住户和个别人员，必须一周内完成。我校的干部、教师要给外人做出样子、当好榜样，不能让外人看咱的笑话。

三是抓督查。会议之后，大家立即着手开展工作，三个副校长要对所承包楼号住户的工作人员进行工作督查，做到一天一调度、一日一汇总、一人一统计，及时通报任务完成进度，及时解决遇到的各种问题，确保扎实推进，按时完成。

第三方面:工作推进要稳妥。

首先,要严守工作纪律。全体党员干部、教职员工、离退休教职工要服从学校大局,服从学校决策,严守工作纪律,不利于改造的话不说、事不做、理不讲,时刻保持干部、教师深明大义、为人师表的良好形象。

其次,要审慎地解地决问题。对于工作推进过程中遇到的各种问题,要认真分析其性质、原因、症结所在,区分干部、教师、职员、群众,采取稳妥的方式,妥善处理。

最后,保持和谐稳定。家属院水电改造和管理改革是一件大事,是一次大考,也是一面镜子。我们党员、干部、教师、职员的思想境界如何、素养能力如何、作风成色如何,一目了然。为了和谐、稳定地推进工作,我在此强调几条纪律:

对于不执行学校要求的党员干部,要依规、依纪严肃问责,问题严重的严肃处理!

对于不执行学校要求的教师职员,要列为师德考核不合格,年度考评不合格!

对于不执行学校要求的离退休教职工,要列为对学校历史不尊重、对学校发展不支持的人,通报批评!

对于不执行学校要求的外来人员,要列为不受三中欢迎的人,其子女入学不享受任何奖助政策,并在家属院通报!

总之,家属院水电改造和管理改革工作责任重大,使命光荣。之所以安排大家来做这项工作,是因为学校对大家高度认可,认为大家的思想境界高、素质能力强、作风成色过硬,能够完成学校交给的任务。希望大家不负重托、不负信任,按照学校要求,按照规定期限,圆满完成所承担的任务!

心路

家属院水电改造又是一个历史遗留的棘手问题,是一块非常非常难啃的"硬骨头"! 好在有了2019年处理校内经营问题的经验和教训,这次再搞,就有了一些章法。

章法一:把政策、道理讲明白。借助说明会、座谈会、明白纸、公告栏等让所有政策家喻户晓,做到有理可依。

章法二:把人员、底数摸准确。事先把家属院所有住户的人员情况、水电使用情况摸得一清二楚,做到有据可查。

章法三:把方案、工期定科学。成立业主代表委员会,反复征求意见,听取建议,力求意见统一,做到多数人认可。

章法四:把组织、队伍建强大。安排校级干部,调集精兵强将,明确分工,责任到人,做到配强队伍。

章法五:把标准、要求讲清楚。开会把干什么、怎么干、干到什么程度都讲得清清楚楚,做到心中有数。

章法六:把规矩、处罚立起来。把住户分为四类人员,分别立规矩、提要求、明处罚,做到软硬结合。

有了章法,家属院水电改造工程进展得很顺利!

场景三十四

疫中监考，要说保证安全负好责的话

场景

2020年7月5日，疫情期间的高考，县里委派我校教师外出担任高考监考员。临行之前召开培训会，除了明确职责要求，还要强调防疫安全，这是大事。

说话

出发之前把大家集合起来，目的是明确纪律要求，保证圆满完成这次外出监考任务。一会儿，××局长还要讲意见，请大家认真遵照执行。下面，我代表学校提几点要求：

第一，认清严峻的形势，严肃认真对待。

高考是国家大事，党中央高度重视，社会各界高度关注，大家必须认真对待，出不得半点差错。高考是千万考生命运所系，千万家庭希望所在，大家必须认真做好，由不得半点马虎。尤其是考试违规事件频频发生，从省委到地方各级党政对今年高考都怀着如临深渊、如履薄冰的态度，重视程度之高、纪律要求之严前所未有。大家一定要真正认清形势，真正严肃对待，认真完成高考监考任务。

第二，严守考试纪律，确保不出问题。

考风考纪是考试的生命线，不出问题就是最好的成绩。多年来，我校一直承担外出高考监考任务，老师们态度非常认真，工作非常敬业，没有出现过大的问题，赢得了各方面的认可。希望大家继续保持这一荣誉。纪律面前人人平等，只有严格遵守纪律、严格执行纪律，才能保证高考顺利进行。对于考场舞弊行为，中央和地方各级的态度是零容忍，发生的问题要从重、从快处理，参与的人员要顶格、顶限处理。希望大家严格遵守高考纪律，确保不出任何问题。

第三，服从统一管理，保持良好的形象。

一个人的行动会影响全局。大家出门在外，近百人的队伍，管理难度很大。大家一定要听从指挥，服从派遣，不能拖拖拉拉、随随便便。有事外出必须经过领队允许，必须按时返回。遇到特殊情况及时报告领队，由领导出面协调解决，不要擅自行动。再者，大家出去代表着学校，代表着禹城，一定要注意自己的言行，不该说的不说，不该做的不做，保持良好的形象。

第四，落实防疫措施，保证自身安全。

目前，全国仍处于疫情防控期间，大家在陵城期间，要积极配合陵城教体局的要求，严格遵守防疫的各项要求，扎实落实防疫的各项措施，洗手、消毒、测温、戴口罩，每一个环节都要做好。这次监考时间比较长，大家一定要注意自我约束，不乱吃东西，不滥吹空调，不喝酒熬夜，不接受同学、朋友私人宴请，确保自身安全，圆满完成监考任务。

心 路

学校一年一度派出监考员,除了“老生常谈”,今年还必须强调防疫安全。好在经过五个月的抗疫实践,大家有了丰富的经验。要紧的是消除麻痹大意和侥幸松懈心理,严格地按防疫要求认真落实。这个光说说不行,必须给干部“砸死了”。

场景三十五

中考监考，要说狠抓考风严考纪的话

场景

2020年7月12日，全市中考在即，学校组织全体涉考人员进行考务培训。疫情之中组织中考，要求格外严格。我作为考点负责人，重点强调防疫和纪律。

说 话

一年一度的中考将于明天开始。今天我们举行中考培训会议，教育局委派××、××、××三位主任参加今天的会议，指导我校的中考工作，体现了教育局对中考工作的高度重视。

今天的会议共分三个阶段：第一阶段是由我传达上级对中考工作的要求，第二阶段是由教导处进行具体的考务培训，第三阶段是由政教处进行中考防疫培训。

下面进行第一阶段内容：

为做好今年的中考工作,省厅和德州市、禹城市教育局分别下发了专门的文件,召开了专门的会议,对中考工作作出全面安排、部署。根据上级文件精神和会议要求,结合我校实际,请老师们注意做好以下几个方面:

第一,要充分认清形势,保持清醒的头脑,不做糊涂人,不办糊涂事。

今年的中考比较特殊。一方面,目前的疫情防控形势依然严峻,容不得半点懈怠;另一方面,山东的考试招生工作问题频出,处于舆论热点之中,稍有风吹草动,就会形成铺天盖地的舆情,容不得半点疏忽。还有就是中考涉及我市5000多名学生和5000多个家庭,升高中是考生的人生大事,孩子升学是家庭的头等大事,各级领导高度重视,社会各界高度关注,容不得半点马虎。因此,大家要真正认清形势,保持清醒的头脑,尽心尽力,不做糊涂人,不办糊涂事。

第二,要严格执行工作程序,严肃考风考纪,不做违规人,不办违规事。

中考是选拔性考试,有一套严格、规范的程序。防疫事关生命健康,也有一套严格、规范的程序。大家在监考过程中,一定要严格遵守这两方面的程序,严格按程序办事,肯定错不了。只有严格按程序办事,才能保证考试规范、有序进行。再者,要严肃考风考纪,以严明的纪律为考生创造公平公正的考试环境,保证考试的良好秩序,维护考生的切身利益。

第三,要严守考试法纪,规范考试言行,不做违法人,不办违法事。

法纪是工作的保证。只有严守法纪,规范言行,才能保证考试工作顺利进行。考试期间,全体涉考人员必须无条件服从学校统一安排,除非婚丧嫁娶、生老病死等特殊情况,任何人不得随意请假。大家必须严格遵守考试纪律和保密要求,避免发生违纪、违规问题殃及自身,甚至殃及家人和子孙。原先有很多这样的深刻教训。今年高考期间,邻县一名监考老师就犯了这样的严重错误,私自利用手机拍下学生试卷并上传学科群，造成泄密，被公安机关发现。省委书记和德州市委书记分别作出批示，要求严查、严惩。目前公安厅和齐河纪委已经介入调查。这类问题一般是从重从严处理，大家一定要引以为戒！我在此明确要求：我校所有涉考人员一律不得携带手机进入考试场所！一经发现，按违纪处理。

总之，希望大家认清形势，严格执行程序，严守法纪，确保不出任何问题，确保圆满完成任务。大家要以规范的言行、严明的作风、良好的精神风貌，让各级领导放心、让社会各界认可、让广大考生和家长满意，树立我们综合高中良好的社会形象！

心路

因为疫情，今年高考延期一个月，中考也相应地延期一个月。因为山东最近发生多起考试舞弊案件，有的造成全国性的舆情，所以对于考试安全抓得特别严。在这种形势下，我也不敢大意，培训讲话时说得狠、“砸得死”，要求全体涉考人员不糊涂、不违规、不违法，尤其强调今年各级领导高度重视，处置、处罚从重从快，真正形成震慑，生怕出现问题。

另外，为了应对高温天气，县里给各个高中学校统一采购安装了空调，这下孩子们都高兴了，可学校“长愁”了。因为每个教室都安装了空调，一共装了160台，加上原先各办公场所安装的四五十台空调，总量超过200台。原先没有空调的时候，有个电扇“呼打呼打”就行了；现在有了空调，大家就不满足于开电扇了。温度稍微高一点儿，大家就嚷嚷着开空调。空调一开，电费瞬间飙高。花钱如流水，我真是“肉疼”！

场景三十六

精英加盟,要说美好愿景留人心的话

场景

2020年7月20日,学校组织新招聘教师座谈。新教师是学校未来发展的希望。我给新招聘教师讲话,要把学校的情况说透,要描绘美好的愿景,要能留住人心。

说话

首先,我代表学校欢迎各位精英加盟综合高中。我们学校虽然是普通高中,但是目前来说,我校是禹城范围内福利待遇最好的学校,相信大家不会后悔自己的选择。

下面我给大家简要介绍一下我校的基本情况:我们学校是公办普通高中,始建于1958年,至今已有60多年的历史。学校占地100多亩,建筑面积4万多平方米,共有在校学生4000多名,在职教职工350多人,为省级规范化学校。多年来,学校坚持分层教学、普职融合、多元发展策略，努力为不同层次的学生搭建成长、成才的“立交桥”，高考质量实现七连增，估计今年会实现八连增，创出了一条在普通高中办学基础条件下的特色发展之路，受到各级领导、社会各界和广大学生家长的高度认可，被誉为普通高中发展的标杆。

学校的发展理念是“和”与“美”。

“和”有三层含义：

一是“和衷共济”，大家乘坐在一条船上，同心协力，朝着一个方向和目标前进，到达成功的彼岸。

二是“和而不同”。大家各司其职、各安其位，在学校发展的共同愿景之下互相理解、互相包容，在各自不同的岗位上充分发挥出应有的作用，推动学校各项工作朝着一个共同的目标前进。

三是“和谐共生”。全体教职员工能够像兄弟姐妹一样和谐相处，共建共享、共存共生、共兴共荣，共同享受发展成果。

“美”有三层含义：

一是“各美其美”。就是每一名师生都要在学校统一发展的目标和前提下，建设属于自己的美，发现属于自己的美，做最美的自己，夯实自己生存与发展的内在根基。

二是“美人之美”。就是尊重每一名师生的个性差异，大家互相尊重、互相理解、互相包容，互相发现对方的美，互相成就对方的美，互相欣赏对方的美，夯实自己生存与发展的外部根基。

三是“美美与共”。就是每一名师生都以其鲜明的发展特色丰富学校的发展特色，都以其突出的发展成就丰富学校的发展成就，共同推动学校发展和繁荣。

几年来，我们坚持“和美”教育理念，凝聚起全体师生的磅礴力量，促进学校高质量发展。

学校工作定位：瞄准“领跑普通高中、比肩重点高中、创办现代优质高中”的奋斗目标，探索“和谐共生、美美与共”的“和美”教育新境界，在学校农业化发展1.0(学生自然成长)、工业化发展2.0(学生标准成长）的基础上，推动学校迈入科学发展、绿色发展、和谐发展的现代化发展3.0（学生和谐成长）新时代。

我的工作思路：可以概括为“12345”。

“1”就是一个目标：办和美教育、育时代英才。培养具有国际视野、国家认同、民族自信、社会责任，具有适应社会发展、时代要求的品质和本领的人才。

“2”就是两个弘扬：一是弘扬严谨、务实的优良传统，二是弘扬逆境图强的奋斗精神。这是我们综合高中多年来形成的精神内核、文化内核、风格内核，必须要加以传承和弘扬。

“3”就是三个优化：一是让教学质量成为教学过程优化的自然结果。教学过程的环节无非就是课前备课、课中上课、课后作业辅导检测，把教学的各个环节都优化了，教学质量自然就会得到提升。二是让优质教学成为教师素养提升的自然结果。教学的主要操作者是教师，只要教师的学科素养、教学能力、教学水平得到提升，教学自然会得到优化提升。三是让良性发展成为管理过程优化的自然结果。管理的核心是决策和办事。决策讲民主，办事讲规范。优化管理过程就是把事前、事中、事后的各个环节都加以规范、优化和完善，必然能提高办事效率，推动工作良性发展。

“4”就是四个围绕：一是围绕素养抓质量。围绕发展学生的核心素养来组织教学，适应新高考要求，培养出适应时代发展要求的合格人才。二是围绕教学抓管理。学校的核心是教学。学校的管理必须以如何优化教学、服务教学、提高教学质量为出发点和落脚点。三是围绕师生抓服务。教学的两个主体就是教师和学生。学校必须调动所有人力、财力、物力资源，服务教师教学，服务学生成长。四是围绕品牌抓特色。学校的办学特色是由干部的管理特色、教师的教学特色、学生的成长特色组成的。大家只有打造自己的品牌，塑造自己的特色，才能形成学校鲜明的办学特色。

“5”就是五个重点：就是通过管理优化、教学优化，实现教师成长、学生成长，打造幸福校园，达成让全体毕业生“以一份优异的成绩考入理想的大学，以一份成熟的心智面对社会和未来”的育人目标。

《人民日报》有篇文章说了一个观点：选择一种职业，就是选择一种生活方式。我们选择当老师，就选择了老师的生活方式，就不要随便羡慕那些官员、商人、演员、“大款”的生活，就要远离社会的喧嚣，远离时代的浮躁，远离现实的功利，保持一份师者情怀，潜下心来教书，静下心来育人，在平静的校园生活中、在帮助学生成人成才的过程中实现自己的人生理想和价值追求。在此，我跟大家交流几点看法：

第一，成功靠努力，要懂得感恩。大家能够坐在这里，是经过艰苦的努力得来的，大家有理由为自己骄傲和自豪。但我们不要忘了一直以来关怀自己的父母、老师和朋友，没有他们的关心，就没有我们的今天。因此，我们要懂得感恩，要懂得回报。我们挣的第一个月工资要孝敬父母，父母会非常欣慰。

第二，现实很骨感，要耐得住寂寞。大家都是年轻人，都拥有着一颗躁动的心，都怀揣着许多青春的梦。但是我要告诉你们，现实很骨感，校园生活虽然多了一份宁静，少了一份喧嚣，但周而复始、三点一线的校园生活会使你感到单调而枯燥，所以我提醒大家：一定要耐得住寂寞。

第三：理想很丰满，要规划人生。如果没有特殊情况，大家将在教师岗位上干一辈子，未来的路很长，要想好怎么走。我给大家三个建议。一是善于规划。当老师不想当名师的是少数。大家不妨做一个十年成长规划：一年入门，三年成校级名师，五年成县级名师，八年成地级名师，十年成齐鲁名师。二要善于积累。人生的成功在于积累。大家要记住一句话：三年反思成名师。大家在工作中要善于反思、善于积累，等经验积累到一定程度，你就会成为能手、名师、专家，到那时你就会功成名就、名利双收。三要善于读书。阅读是高品质的爱好。古人说：万般皆下品，唯有读书高。人的爱好多种多样，阅读是对人的成长作用最大的，帮助最多的。阅读是高品质的生活。知识改变命运,阅读改变生活。我们所处的时代千变万化,人的生活丰富多彩,身处社会的喧嚣之中,能够捧着一本心爱的书,全身心地投入阅读,忘记一切琐事和烦恼,是一种非常美好的生活享受。阅读可以成就高品质的人生。书到用时方恨少,腹有诗书气自华。阅读可以丰富你的见闻,让你具有广深的学识;可以丰富你的思想,让你具有深刻的思考;可以丰富你的修养,让你端庄儒雅、风度翩翩、正气浩然。阅读要伴随高品质的写作。读而不写则迷,写而不读则惘。写作可以帮助你整理知识、整理思想、整理心得,通过写作,你可以有新的发现和产生新的灵感。“真”是最高贵的品格,写出真实的感想,就是高品质的写作。我建议大家边读边写、边思边悟,写下真实的感悟,在有效阅读中丰满自己的人生。

最后,祝大家成为一个对得起学生和家长、对得起学校和社会、对得起自己良心的好老师!

心路

2020年学校有15个教师招聘计划名额,是近五年来最多的。招来的老师看上去素质都很不错,我心里很高兴。

新教师是学校发展的新生力量,是学校未来的希望。我想,必须让他们深入理解学校的发展文化,认同学校的发展路径,对学校产生归属感;必须给他们打好终身从教的“地基”,树好人生大厦的“四梁八柱”,找准成长为名师的方向感。因这“两个必须”的考量,在新教师加盟第一课上,我讲了三层意思:

第一层意思:对他们讲学校的悠久历史和发展成就,让他们感到这个学校“有实力、有口碑”。

第二层意思:向他们全面解读学校的发展理念和发展思路,让他们觉得这个学校“有内涵、有品位”。

第三层意思:对他们提出安心从教的情理支撑和专业成长的三个

原则、三条途径，让他们觉得在这个学校当老师“有干头儿、有奔头儿”。

这样三副“猛药”灌下去，新老师不说醍醐灌顶、茅塞顿开，也是若有所思、若有所悟。老师们脸上微微带着笑，眼里渐渐有了光，我知道，这已经有了良好的开始，这就成功了一半！

场景三十七

学子离校，要说语重心长常牵挂的话

场景

2020年8月3日，学校举行第二届高三毕业典礼。这既是高三毕业生参加的最后一次活动，必须给他们留下美好的回忆，又是高二、高一学生的一次思政盛会，必须为他们树立学习的榜样，激发他们的学习动力！

说话

骊歌声声，夏日炎炎(清风徐徐)。今天我们欢聚在此，隆重举行2020届高三毕业典礼。此时此刻，我的心情和大家一样，感到非常激动，也非常骄傲！

今年这届毕业生非比寻常，你们以优异的成绩、出色的表现，证明了你们的优秀。你们创造了最好的高考成绩，你们创造了最高的历史纪录！本科上线964人，普通文理、艺体、春考路路通达、多点开花，铸就了今年的丰硕成果。我代表学校向你们表示祝贺，祝贺你们取得圆满成功！

不经一番寒彻骨，怎得梅花扑鼻香。今年这个成绩来之不易，意义非凡。新冠肺炎疫情让学校不得不停课，但凶猛的疫情阻挡不了老师们积极工作的热情，阻挡不了同学们拼搏奋进的脚步。老师们停课不停教，同学们停课不停学，空中课堂成了老师和同学们学习的主阵地、备考的主战场。全体师生拧成一股绳、攒成一股劲，携手并肩战斗，共同战胜了凶恶的疫情，共同创造了综合高中新高考的新辉煌！事实充分证明：我们的干部是好样的！我们的老师是好样的！我们的同学更是好样的！综合高中有攀高峰的魄力、创奇迹的能力、育英才的实力！综合高中值得禹城人民的信任！综合高中的发展会越来越好！

刹那芳华，往事成忆。高中三年，同学们由懵懂少年成长为有志青年，学会了志存高远、自立自强，更学会了明辨是非、担当责任。高中三年，老师像父母长辈一般爱护你，同学像兄弟姐妹一般关心你，学校像家庭一样温暖你。高中三年，同学们用青春与风采装点了学校，用拼搏与汗水滋养了学校，用优异与进步激励了学校，用朝气与活力感染了学校。可以说，学校成就了你们的梦想，你们铸就了学校的丰碑。高中三年生活的点点滴滴已融入你的生命，永远温润着你的心。

高三的同学即将步入大学校门，开启新的征程。此时此刻，我想和同学们分享几条人生感悟：

第一，要永葆赤子之心，热爱祖国！

从这次抗击新冠肺炎疫情的战役中可以看出我们祖国的壮大、强大、伟大，有祖国的繁荣和强盛，才有家园的温馨和安宁，才有我们每个人的幸福和安康。我们没有任何理由不热爱自己的祖国。

第二，要磨砺坚定之心，追逐梦想！

对于人生，我们都有美丽的梦想。为了能够美梦成真，我们必须学会坚持，坚持、坚持、再坚持！咬牙坚持不放弃，勇往直前不停步，遇到困难不低头，披荆斩棘，永不言败，用不达目标誓不罢休的坚持来实现自己的人生梦想。

第三，要激扬奋进之心，闪耀世界！

青春因磨砺而出彩，人生因奋斗而升华。当今的世界正处于百年未有之大变局，如今的中国已经站在世界舞台的中央。时代赋予我们民族复兴的重任，你们要勇敢地到中流击水，做时代的弄潮儿，在风起云涌的时代浪潮中，找准人生的航标，施展过人的本领，有一番闪耀世界的作为。

第四，要常怀感恩之心，温暖四方！

海阔凭鱼跃，天高任鸟飞。三年的相识相知、相爱相守，让我们彼此结下无法割舍的情怀。不管将来你们走多远、飞多高，同学、老师、母校是你们永远的精神家园。当你们三十而立时，期待你们回到母校，报告你们的平凡感动，报告你们的人生得意，报告你们的奋斗传奇。

高一高二的同学们，长江后浪推前浪，一代更比一代强。高三同学作为奋进的前浪，为你们树立了标杆和榜样；你们作为奔涌的后浪，学习他们、追赶他们、超越他们既是你们的使命，也是你们的责任。你们必须树立目标、坚定信心，努力取得更好的成绩，创造更高的纪录，夺取更大的辉煌，奋力书写属于你们这一代的华彩乐章。

各位家长朋友，让孩子考上理想的大学，是我们的共同心愿。为此，我建议每一位学生家长：

第一，要给孩子当好做人、做事的表率。家长是孩子的第一任老师。家长要给孩子做正知正念、正德正行的榜样，帮助孩子扣好人生第一粒扣子，让孩子行得正、走得端，成为一个光明磊落、堂堂正正的人。

第二，要和孩子一起理解学校和老师。学校和老师与家长的心是一致的，都是为了孩子成人成才。学校不会教育孩子打架斗殴、偷鸡摸狗，老师不会教育孩子恃强凌弱。学校虽然有严格的制度，但是执行起来难免会有疏漏；老师虽然有从教的热情，但是管教起来难免会有不足。两个家长管一个孩子都很难很难，何况是学校要管4000多名学生。严管就是厚爱，学校和老师严格管理，是真正对孩子们负责，希望家长们能够理解、支持和包容。

第三，要与孩子一起进步、成长、提升。《人民日报》有篇文章提出，家长有五个层次：一是舍得给孩子花钱，二是舍得为孩子花时间，三是家长开始思考教育的目标问题，四是家长为了教育孩子而提升和完善自己，五是父母尽己所能地支持和鼓励孩子成为最好的自己。研究表明，孩子成不成才，家庭教育起决定作用。家庭教育严，子女多成人；父母好读书，子女多成才。所以，为了孩子成人成才，请全体家长与自己的孩子一起学习、一起进步、一起成长！

同学们、老师们、家长朋友们：今天的成就竖起明天的标杆，今天的奋斗铸就明天的辉煌。让我们携手并肩，攻坚克难，砥砺前行，拼搏奋进，努力推动综合高中实现更高质量的发展，为实现“两个一百年”奋斗目标、实现中华民族伟大复兴培养更多时代精英，作出更大的积极贡献！

心路

今年的毕业典礼更有意义，为何？因为今年的高考成绩。在受到疫情影响的情况下，我校的高考成绩不降反升，本科上线总量达到964人，总量比去年增加154人，比前年（我来那一年）增加225人，实现了“两连增”，创造了学校历史最高纪录！虽然我校是普通高中，但是高考成绩超过了某市级重点高中！我感到脸上有光，老师和同学们的脸上更是光芒四射。有了这一令人自豪的成绩作背书，今年的毕业典礼开得格外高兴、格外自信、格外热烈、格外隆重!

我把这次毕业典礼看作是上一节内容多样的“大课”:

内容一:上成一节“思政教育课”。威武雄壮的国歌,傲人的高考成绩,出色的抗“疫”表现,发放和美教育奖学金等,磨砺了全体师生的意志,振奋了全体师生的精神。

内容二:上成一节“励志教育课”。回顾高中三年的拼搏与汗水,高中三年的进步与收获,高中三年的成就与梦想,高三学生签名条幅传递给高二学生,最后全体学生齐声朗诵《少年中国说》等,点燃了成长的激情,铸就了青春的丰碑。

内容三:上成一节“感恩教育课”。家长发自内心的感谢,学生发自内心的感激,向恩师献花、鞠躬致敬,向学校献锦旗,无不体现出浓浓的感恩之情,温暖着彼此的心。

内容四:上成一节“人生规划课”。我给即将步入大学校门、开启新征程的高三同学分享了四点人生感悟:永葆赤子之心,热爱祖国;磨砺坚定之心,追逐梦想;激扬奋进之心,闪耀世界;常怀感恩之心,温暖四方。帮助他们擘画未来,奠基人生。

内容五:上成一节“家校共育课”。我给参加本次典礼的高一、高二学生的家长提出三条建议:给孩子当好做人、做事的表率,和孩子一起理解学校和老师,与孩子一起进步、成长、提升。目的是家校密切合作,共同帮助孩子成人成才,考上理想的大学。

内容六:上成一节“艺术鉴赏课”。无论是开场音乐《青春纪念册》《放心去飞》,中间艺术生跳的舞蹈《踏歌起舞》、合唱与书法《以梦为马,不负韶华》、献礼音乐《一生有你》,还是最后的颁奖音乐、伴奏《我相信》《红旗颂》等,可谓一道艺术鉴赏的大餐。

内容七:上成一节“出征动员课”。最后我鼓励大家要携手并肩,攻坚克难,砥砺前行,拼搏奋进,努力推动综合高中实现更高质量的发展,为实现“两个一百年”奋斗目标、实现中华民族伟大复兴培养更多时代精英,作出更大的积极贡献!

通过这节课,干部、师生的心气更高、干劲更高,学校的社会声誉更好,群众口碑更好!

场景三十八

编制招考，要说严肃认真不丢人的话

场景

2020年8月9日，县里在我校举行禹城市事业编人员笔试考试。学校第一次承担人社部门交给的任务，必须谨慎、谨慎、再谨慎，要保证不出任何问题，保证考试顺利完成。

说话

刚才，××主任就监考流程给大家重新作了解读，请大家严格遵照执行。下面，我给老师们提三点要求：

第一，要严肃态度。一方面，这次考试是最高规格的人事事业编考试，涉及近万名考生的前途和命运，大家必须严肃对待；另一方面，这次考试涉及四个考点，大家代表综合高中参加监考，不能给自己丢人，不能给学校丢人，必须严肃对待。因此，工作态度必须严肃认真。

第二，要严格程序。这次考试是在疫情期间，各级领导高度重视，人社局研究制定了非常严格、非常完备、非常科学的操作程序。老师们一定要严格按照规定的程序操作,一个步骤不能减,一个环节不能少,绝不能擅自行动、擅自发挥。为了让老师们操作方便,学校给大家专门印发了明白纸,列出来全部的流程,请老师们按照程序逐项完成打钩,保证不漏一项、不少一环,全部完成。

第三,要严明纪律。考试纪律代表公平公正,严明纪律就是保证公平公正。只有严明考风考纪,才能保证考试顺利进行。大家要严守考试纪律,对考试负责,对考生负责,也是对自己负责。只有严明纪律,才能保证考试安全、考生安全、自己安全。请老师们必须严守考试纪律,真正做到零差错、零失误,保证不出任何问题,圆满完成这次考试任务。

心 路

也许是受疫情影响,上半年招聘机会少,2020年报名参加禹城事业编考试的人数创纪录地达到10000多人。城区好多学校都用作考场,我校也在其中。

事业编招考和高考一样,都是决定一个人前途和命运的“大考”,容不得出现任何差错。为了圆满地完成任务,我除了在考务会上强调要严肃态度、严格程序、严明纪律之外,还作了人员上和技术上两个方面的准备。人员上,我尽量选择认真负责、有高考监考经验的老师担任监考员;技术上,我认真梳理了事业编的招考流程,把其中的必备关键环节理出一个清单,每个监考员人手一份,每完成一个环节打一个钩,给所有项目打完钩,整个招考监考工作就完成了。

这个办法受到人社部门负责人的赞扬。

第三学年

高中三年级校长说的话

经历过高中一年级、二年级两年的学习实践，进入高中三年级之后，工作有了点得心应手的感觉，说的话也少了。

场景三十九

踏新征程，要说勇于担当强作为的话

场景

2020年8月29日，学校在大报告厅召开全体教职工大会，这是一次开学前部署新学年工作的重要会议。经过两年的接续奋斗，学校各方面都已经步入正轨。要总结成绩，提振信心；要认清形势，居安思危；要坚持不懈，接续奋斗。

说话

刚才，我们隆重表彰了上学年取得突出成绩的干事创业好团队、担当有为好干部、勤勉敬业好老师、服务奉献好职员。五位优秀的级部主任、班主任、教师代表分别作了经验介绍和表态发言，他们的先进经验值得学习，他们的先进事迹感人至深，是大家学习的榜样！××校长代表学校就教学工作作了具体安排，我完全同意，请大家结合各自的工作实际，认真抓好落实。下面，我讲三方面意见：

第一个方面:发扬成绩、坚定信心。

过去这一学年,我们取得了丰硕的办学成果,主要表现在:

一是高考质量再攀新高峰。本科上线总量达到964人,比去年增加154人。上线总量、增幅均创历史新高,受到各级领导、社会各界和全市人民的一致肯定。

二是疫情防控取得全面胜利。我校疫情防控工作经验做法被市教育局作为样板在全市推广,禹城一中、职教中心、莒镇中学等学校前来交流学习。有两人分别被评为"德州市防控疫情开学复课工作表现突出个人"和"担当作为好干部"。

三是学校管理再上新台阶。我们通过建章立制、规范流程、强化督促、狠抓落实,提高了管理效能。在禹城市事业单位绩效考核中,我校荣获优秀等次一等奖。

四是教育教学取得新荣誉。我校荣获德州市高中教学成果一等奖、德州市春季高考优胜奖、禹城市高考集体三等功、禹城市教育教学先进单位、禹城市社会科学普及示范基地、教育系统巾帼示范岗、全国青少年校园足球特色学校等荣誉。

五是教师成长实现新飞越。课题研究立项省级1项,德州6项,禹城12项;获评德州优秀教师6人,德州市优秀班主任6人,优秀教师17人,优秀班主任14人,先进教育工作者5人,师德标兵8人,教育教学双创之星1人。

六是尖子生培养实现新突破。今年我校多名优秀毕业生被山东大学、哈尔滨工业大学、中南大学、内蒙古大学、东北林业大学、中国农业大学、太原理工大学等名校录取。

七是主题教育再结新硕果。我校的主题教育规定动作扎扎实实,自选动作亮点纷呈,受到市委督查组好评,被市委评为"不忘初心、牢记使命主题教育优秀单位"。

八是思政教育开辟路径。国庆爱国快闪、防疫复学开学视频荣登学习强国,在全市引起较大的反响;自律教育、励志教育激发学生内驱力,为学校思政教育开辟新路径。

九是群众满意度得到新提升。通过全体教职员工的艰苦努力,我们上学年取得了丰硕的办学成果,学校声誉、知名度、社会认可度均有大幅度提升。

这些成绩既体现了学校先进办学理念的正确指引,全体干部的担当作为,全体老师的拼搏奋进,全体职员的服务奉献,也体现了各级领导、社会各界和全市人民的大力支持和帮助。大家在各自的岗位上履职尽责、努力工作、积极作为。在此,我代表学校向大家表示衷心的感谢!大家辛苦了,感谢大家!

第二方面:认清形势、居安思危。

我们在看到成绩的同时,更要清醒地认识到:学校发展面临的形势非常严峻,存在的问题亟待解决。目前学校发展面临六个方面的严峻形势:

一是国家高中发展政策的频繁更改。随着新高考、新课改的落实,高中育人方式和评价方式的改革,艺考招考政策的变化,高考对高中教学的指挥棒调节作用越来越明显。高中教育进入深层次的改革阶段,对学校管理、教育教学、思政教育、后勤保障等都提出了严峻的挑战。

二是重点高中、中职学校的双向挤压。重点高中占据的政策优势和办学条件优势更加明显,从前面对普通高中的生存空间形成更大的挤压;中职学校得到国家和省、市的政策倾斜扶持,发展的路径更宽,前景更好,从后面对普通高中形成巨大的挤压。普通高中面临重点高中和中职学校两个方面的巨大压力,发展面临更大的困难。

三是民办学校灵活办学优势的巨大冲击。与民办学校相比,我们在办学方式、招生政策、资金运转等方面都处于劣势。平原中英文学校已经超越我们,成为民办学校的办学标杆;禹城的两所民办高中虎视眈眈,容不得我们有半点懈怠。

四是在规范办学形势下学校发展面临转型。国家对高中办学的要求更加规范、更加严格，执行政策、规范办学成为新常态。学校发展必须适应新要求，探索新路径。

五是市委、市政府对高中教育质量的新要求。新一届禹城市委高度重视教育，提出弘扬大禹精神，扬帆徒骇河时代，打造创新发展新高地。建设“九大禹城”中包括建设书香禹城，对高考质量的要求是德州前三。要实现这个目标，我们压力很大。

六是我校必须保持良好的发展态势。从当前的政策和环境条件来说，我们需要付出更加艰苦的努力。

目前学校发展面临六个急需解决的问题：

一是管理决策执行落实不到位。有的有头无尾，有的虎头蛇尾；有的打折扣，有的搞变通；有的浮在面上沉不下去，有的隐在幕后。做不到踏石留印、抓铁留痕。

二是课堂教学总体效率不高。不研究新课标，吃不透新高考，课堂教学模式僵化，教学方法单一，学生参与度不高，没有形成以学为主的课堂，课堂效率不高。

三是思政教育不适应新变化。时代在变，形势在变，学生在变，要求在变，我们思政课的方式也要变。

四是干部作风不严、不实。

五是教师素质、能力跟不上发展要求。教师对新教材研究不透，对新教法探索不足。集体备课深不下去，与新课标、新高考不能精准对接，名师少、骨干少，勇于改革创新的少。

六是学生素质整体下降。受招生政策的影响，近几年我校的生源质量持续下降，尖子生越来越少，高考质量的基础越来越薄弱。

根据以上分析，我们面临的形势非常严峻，面对的问题非常棘手，我们怎么办？我想：我们只能在夹缝中求生存，在拼搏中求发展，在重重包围中杀出一条血路，打造我们独一无二的办学特色，闯出一片属于我们的新天地！

第三方面：团结奋斗、逆境图强。

新学年、新规划、新目标，我们学校工作的主旋律就确定为团结奋斗、逆境图强。

发展目标就是三个保证：

坚持以立德树人为指针，以“办人民满意的教育”为航标，探索当前条件下大幅度提升教学质量的特色发展之路，保证高考质量不断提高，保证德州普通高中领先地位不断巩固，保证学校和谐、稳定、发展的局面不断优化。

发展策略就是三个坚持：

一要坚持“和美”理念。继续坚持并深入挖掘“和衷共济、美美与共”办学理念的深厚内涵，不断丰富“和美”教育的深入实践。用“和美”理念凝聚全体干部、教师、学生的发展合力，让“和美”教育成为我校发展的主基调、靓丽的新名片。

二要坚持质量至上。质量是学校发展的生命线。没有高考质量，学校发展就失去了基础。所以，我们必须时刻把教学质量放在最高处，一切服从教学质量、服务教学质量，全力以赴提高教学质量，夯实学校发展的根基。

三要坚持多元发展。我们必须根据我们的生源实际，大力实行因材施教、分层教学、多元发展战略，构建普通文理、艺体特长、中职专业三足鼎立的发展局面，搭建学生成长成才的“高速路”和“立交桥”。

发展重点就是三个突出：

一是突出教学常规落实，打造高效课堂。提高教学质量的主阵地在课堂。为了打造高效课堂，第一要抓好集体备课，让集体备课走深、走实。要明确责任主体，学科组长是第一责任人，负责抓落实；要抓好集体备课的内容，对应新课标、对应新教材、对应“五点”，抓好集体备课；要抓好集体备课督查，教导处负责对学科组的集体备课情况进行督查。第二要抓好课堂改革。根据认知规律，结合上级政策，参照先进学校的经验，我校下一步可以建立以学为主的“五点五步”课堂教学模式。五点就是重点、难点、疑点、错点、考点；五步就是五个课堂学习环节，即预习、学习、梳理、分享、自测。课前三分钟预习，课上30分钟学习，5分钟梳理，5分钟分享，5分钟自测。力争在课堂上解决记忆和理解两个环节的问题，课下自习解决运用的问题。力争做到“五清”，即堂清、日清、周清、月清、期清。第三要抓好检测反馈。通过检测发现问题，反馈矫正教学。

二是突出自律、励志教育，开拓思政路径。学生的学习必须以良好的纪律和习惯来保证，必须以高昂的激情和投入来保证，这就需要我们加强自律和励志教育。新学年，我们的政教工作第一要突出自律教育，抓好学生的品德修炼、习惯养成、问题处理；第二要突出励志教育，激励学生树立目标、努力学习、调整心态。落实全员育人导师制，让全体学生都能在教师的关怀、指导下健康成长。

三是突出教育科学研究，夯实发展根基。要研究新课标，让教学有目标；要研究新高考，让教学有方向；要研究新教材，让教学有基础；要研究新课堂，让教学有活力；要研究新路径，让教学有特色。

发展保障就是四大措施：

一是以思想大解放来坚定信心、找准方向。面对生源越来越差的实际，我们必须破除生源决定论给我们带来的固化思维、思想藩篱。通过改进课堂教学，实现大幅度提高教学质量。

理论上说，人与人的智力没有这么大的差距，差距是非智力因素导致的。实践上讲，莒县四中招的都是全县3000名以后的学生，升学人数跟我们差不多。网上有一个实际例子是，一个班47人，学生入学成绩高的300多分，低的200多分，最后都考上了本科。我们学校的例子，××的孩子入校全市3100多名，最后考上了本科。今年我们入学的都是全市前3100名的学生，理论上讲，他们都能上本科。

二是以素质大提升来强基固本、提质增效。只有高素质的干部才有高质量的管理，只有高素质的老师才有高质量的教学，所以，要提高干部和教师的素质。(1)要抓学习。学政治、学理论、学业务，缺什么学什么,少什么补什么,边学边干、边干边学,教学相长。(2)要抓研究。一方面,要开展课题研究,既可以是省、市、县级课题,也可以是学校的小课题;另一方面,要抓工作研究,研究规律、研究方法,找到解决问题的最佳途径,优质高效地做好工作。(3)要抓思考。工作前要思考,制定完善的方案,谋定而后动;工作中要思考,消除错误,矫正方向;工作后要反思,总结经验,吸取教训。(4)要抓平台。通过搭建平台,促进干部、教师的专业成长。

三是以作风大转变来攻坚克难、建功立业。一方面,要抓好干部作风。目前多数干部是好的,但是也有个别干部存在问题,有的得过且过、漂浮虚夸、敷衍塞责,有的欺上瞒下、揽功诿过、文过饰非,有的摆谱端架、拈轻怕重、高高在上,造成了不良影响。党员干部必须要转变作风,要带着老师干、干给老师看,树立良好的干部形象。另一方面,要抓好师德师风。上午开会,局长讲到这半年我市发生的多起违背师德师风的问题,这些问题很严重。比如有偿补课,一个老师被举报,牵连出30多个人,纪委立案,有的退好几万元,有的退十多万元,造成很坏的社会影响。教育局的态度是顶格处理,严惩不贷!

四是以服务大优化来凝心聚气、营造和谐。要让老师们有舒适感。通过规范管理,让各项工作有正事,打造风清气正的学校环境,让老师们舒心。要让老师们有获得感。通过改进绩效政策,让多劳者多得,优劳者优酬,切切实实得实惠。要让老师们有幸福感。通过建立福利制度,营造互相关心、爱护的氛围,让老师们安心。

老师们、同志们:学校是我家,发展靠大家!失去学校,我们就失去了工作的依托、感情的依托、灵魂的依托。面对严峻的形势,面对棘手的问题,我们绝不能裹足不前、坐以待毙,我们要负重奋起、逆境图强,我们要全力以赴、披荆斩棘,闯出一条适合我校高质量发展的阳光大道。

最后,我用三句话结束我今天的讲话:

我们要有打造名校的梦想,“攀得半山休道远,还需健履上高峰”!

校长有话说

我们要有坚持不懈的努力,“衣带渐宽终不悔,为伊消得人憔悴”!我们要有攻坚克难的勇气,“黄沙百战穿金甲,不破楼兰终不还”!

心 路

通过两个学年的摸爬滚打、打拼历练,我逐渐摸到了一点管理的“门道儿”,感觉自己的观察思考变得更加深入务实,说话办事变得更加坚定从容,决策决断变得更加精准有序,工作感觉更“有谱了”(咳咳! 有点不谦虚了哈)。

对于一位高中校长来说,三年是一个标志——能力强弱的标志、水平高低的标志、胜任与否的标志。因为高中是三年学制,三年培养一届学生,三年完成一个循环。第一年的成绩有前任校长的三分之二,第二年的成绩有前任校长的三分之一,只有第三年的成绩才百分之百属于自己。如今,第三个学年如期而至,开年之际,我要发出“总动员令”。

首先,“发令”要简明直接、干脆有力。我一改原来用长句标题的做法,每个单元用两个四字句8个字,三个方面用六个四字句共24个字,体现出“电报”风格。

其次,“号令”要层次分明、环环相扣。

第一方面讲坚定信心,信心从何而来? 从过去两年学校方方面面取得的优异成绩而来。内在逻辑是:从“事”的角度看,成绩好说明干得对,干得对说明思路对,思路对说明理念对;从“人”的角度看,成绩好说明老师教得好、职员服务得好,进而说明党员干部带得好、校委会领得好。能把“人”做好,把“事”做对,就具备了坚定的发展信心。所以说,要发扬成绩、坚定信心。

第二方面讲居安思危。成绩已经很好了,为什么还要居安思危? 因为我们面临的影响发展的形势很严峻,存在的阻碍发展的问题很严重,内在逻辑是:成绩只代表过去,不代表现在,更不代表将来,只有顺应教育发展大势,解决阻碍发展的问题,才能保持事业的持续发展。所以,只有认清形势,厘清问题,居安思危,保持清醒,才不至于迷失方向、错失良机,才不会用错人、走错路、办错事。

第三方面讲逆境图强。有了坚定的信心,有了清醒的头脑,还要有务实、有效的行动。为什么讲团结?因为团结才有力,有力才有功,有功才有效。为什么讲奋斗?因为奋斗是最好的劳动,劳动创造价值,价值体现有效。为什么讲逆境?因为只有顺势而为才能正确地行动,才有正确的结果,才是有效作为;只有解决问题才能持续、快速发展,才能取得发展成果,才是有效作为。为什么讲图强?因为图强就是有目标,有目标就是有理想,有理想才有追求,有追求才有动力,有动力才有行动,有行动才有成果,有成果才是有效作为。身处逆境必须团结奋斗、奋发图强,才能达成心愿、实现梦想,实现梦想才有出头、出彩、出界的希望。

再次,“动令”要有章有法、有秩有序。演出序幕拉开之后,吹拉弹唱必须要有章法,唱念做打不能乱了秩序。规划新学年的发展行动,目标、策略、重点、保障,一个都不能少。

发展目标定在“三个保证”:保证高考质量提升、普高地位领先、发展局面和稳,并首次提出了“探索当前条件下大幅度提升教学质量的特色发展之路”的发展基调。这个“基调”是基于生源质量“断崖式”下跌这个前提条件确立的,在尖子生培养这个“质”上拼不过,就从本科上线总数这个“量”上求突破,为后面说要解放思想埋下伏笔。

发展策略定在“三个坚持”:坚持“和美”理念、质量至上、多元发展。这是学校持续健康发展的三个支撑。

发展重点定在“三个突出”:突出教学常规落实,打造高效课堂;突出自律、励志教育,开拓思政路径;突出教育科学研究,夯实发展根基,为教学、政教、教研分别找到一条道。

教学是学校工作的核心主体,教学优化才能保证课堂高效。如何优化?除了抓好课前的集体备课和课后的检测矫正,更为关键的是抓好课中的优化。我校借鉴崔允漷教授《有效教学》和彼得·布朗(Peter Brown)的《认知天性》有关理论成果,结合学校教学实际,在原先提出的“五点四法”高效课堂的基础上,进一步深化提升为“五点五环”高效课堂模式。“五点”还是原先设定的“要围绕重点、难点、疑点、错点、考点来展开教学”;“五步”就是把课堂教学分为“预习、学习、梳理、分享、自测”五个环节步骤,力求落实以学为主,尽量让学生在课堂上掌握80%的知识,切实提高课堂效率。后来我校为“‘五点五步’高效课堂模式研究”申报了县级教育规划课题并获批。这种教学模式是自己首创的。

纪律是学习的保障,政教是教学的保障。今年受疫情影响,为了保证线上教学效果,我在5月份提出了要加强学生的“自律教育”,让学生发展中心制定了实施方案。在秋季开学全体教职工大会上,我又把“自律教育”升级为“自律、励志教育”,并将其确定为当前和今后一个时期学校思政工作的“唯一主题”,要求政教处认真推行,研究开发自律、励志教育课程。这对于学校政教工作来说也是首创。

教而不研则殆,研而不教则罔。就像中国公司必须有自己的核心技术,才能不被外国公司“卡脖子”。学校也要有自己的核心技术,才能保持教学持续优质发展,而核心技术只能通过开展教学研究来获得。因此,我亲自操刀,研究制定了学校教科研发展的新路径——综合高中“1+12”学科突破引领内涵提升课题研究三年行动计划,以“‘五点五步’高效课堂模式研究”课题为主课题,组织12个学科分别把制约本学科发展提升的关键问题确立为子课题,扎根教学,针对问题,研究学科教学突破的策略和方法,培养学科核心技术,形成学科核心竞争力。这对于学校教研工作来说也是首创。

“和美”教育办学理念,民主扁平化管理架构,“一校一品”党建品牌,“五点五步”教学模式,自律、励志思政课程、“1+12”教研路径等,具有本校特色的办学体系已见雏形。

发展保障定在“四大措施”:思想大解放、素质大提升、作风大转变、服务大优化。其中“思想大解放”最为关键,因为生源决定论极为普遍,且深入人心。面对生源质量严重下滑的实际情况,如果还是死死抱定生源决定论,那就只有“躺平”,但是学校目前的发展状况不允许我们“躺平”。怎么办?就只能从“解放思想”入手。为此,我从智力理论方面进行分析。人与人之间的智力差距并不大,差距是非智力因素导致的。每年全县初中毕业生有5000多人,我校录取的绝大多数是全县3000名以上的学生,他们的智力水平也应是中上水平。之所以成绩稍差,是因为非智力因素。解决了理论认识问题,我再从实践例证两个方面开始讲。我分别举了同为普通高中的莒县四中的例子和网上比较火的“差生”全班升本的例子,以及我校今年毕业生中3100多名的学生“逆袭”升本的例子。最后得出结论:生源基础既决定不了学生自身的成长,也决定不了学校的教学质量。我们只要解决了学生的非智力因素问题,相信学生能成才;只要按照“学生一定能成才”的坚定信念来实施教学和管理,大幅度提高教学质量一定能实现。后来,2020级学生证明了我的结论。因为招生政策调整,这一级生源在大家看来可以说“史上最差”,但是在2021年7月市级联考中,重点上线数超过100人,普通本科上线数超过400人,事实摆在眼前,大家哑口无言,唯有“认头”照办。

最后,“口令”要激情振奋、斗志昂扬。通过前面的层层铺垫,最后的结束语必须达到高潮。我精心设计了三句话:第一句谈梦想——进一步追求卓越,打造名校;第二句谈努力——进一步精益求精,坚持不懈;第三句谈勇气——进一步求新图强,攻坚克难。而且每一句都用古诗名句来增加质感,都用排比句式来增加气势,都用高昂的语调来增加威势,点燃了全体老师的激情,令人久久回味!

发令枪响、号令森然、动令井然、口令爆燃,全校上下闻“令”而动,踏上了激情燃烧的新征程!

场景四十

三季开学，要说争做时代弄潮儿的话

场景

2020年9月5日上午，全体师生齐聚学校体育中心，隆重举行2020级新生军训结业暨开学典礼。年年开学，年年不同，常开常新。时代在进步，形势在变化，政策在调整，学校在发展，一切都要与时俱进，不断改革创新。

说话

口号嘹亮，脚步铿锵。在这硕果飘香的金秋时节，我们迎来心怀梦想、朝气蓬勃的高一新同学。我代表学校欢迎大家加入综合高中，这里必将成为你们成长成才的乐园、温馨美好的家园。

过去的一年，全体师生积极践行“和美”教育理念，团结奋斗、攻坚克难、砥砺奋进，高考成绩再创历史新高，本科上线达到964人，逼近千人大关。有中考全市1800多名的学生考上一本，有中考全市3000

多名的学生考上二本,还有很多优秀学生考入"985""211""双一流"名牌学校。学校荣获德州市高中教学成果一等奖、禹城市高考三等功、全国校园足球特色学校、德州市文明校园等荣誉。这表明,学校的办学品质更优,前进的步伐更稳,发展前景更广阔,在创建"优质名牌高中"的道路上又迈出更加坚实的一步。我们为学校的成绩而骄傲,为学校的发展而自豪!

新学年、新目标、新要求,在此,我对同学们提五点希望:

第一,让爱国成为第一信念。伟大的中国共产党领导全国人民建立了新中国,走进了新时代,让中国人民站起来、富起来、强起来,在世界面前有了地位和尊严。而今年抗"疫"胜利更是创造了奇迹,树立了丰碑。人民至上,生命至上,彰显了国家的责任担当。祖国庇佑我们幸福安康,我们没有理由不热爱祖国。

第二,让梦想成为第一追求。花的梦想是绽放,草的梦想是阳光,树的梦想是蓝天,鸟的梦想是翱翔。梦想是航标,指引前进,端正方向;梦想是灯塔,刺破黑暗,照亮前方;梦想是翅膀,好风凭力,扶摇直上。人生没有梦想,生活就没有希望。希望同学们做好生涯规划,志存高远;选好发展坐标,砥砺前行;考入理想的大学,奠基未来;追求幸福的生活,人生圆梦。

第三,让自信成为第一品质。爱因斯坦说:"自信是向成功迈出的第一步。"人生如船,自信就是最有力的双桨,助你奋勇向前,劈波斩浪;人生如画,自信就是最浓重的油彩,让你恣意挥洒,鼎定八方;人生如歌,自信就是最高亢的强音,让你欢悦跳动,慷慨激昂。自信,才能自强。"自信人生二百年,会当水击三千里。"同学们要相信自己能行,激励自己能行,超越自己一定行。

第四,让自律成为第一习惯。自律是人生取得进步、走向成功的根基。希望同学们能够养成谨言慎行的习惯,遵规守纪、文明诚信;能够养成刻苦学习的习惯,勤于思考、乐于探究;能够养成健康生活的习惯，强健体魄、规律生活；能够养成团结合作的习惯，和谐共生、美美与共。

第五，让优秀成为第一印象。与优秀的人一起，你也会变得优秀。优秀是一种成功，能提升境界、树立形象；优秀是一种磁场，能聚拢人气、吸引目光；优秀是一种力量，能催人奋进、自立自强。希望同学们都能做最好的自己，给人优秀的第一印象。

老师们、同学们：磨砺青春书风采，奋斗人生写光华。让我们坚持不懈、永不言败、追求卓越、逆境图强，共同谱写综合高中高质量发展的瑰丽篇章！

最后，祝老师们身体健康、节日快乐！祝同学们梦想成真、幸福成长！谢谢大家！

心路

这是我参加的第三届开学典礼，与之前两届不同，这一届开学典礼是在全国抗击新冠肺炎疫情取得重大战略成果之后举行的，也是在学校取得历史最好成绩之后举行的，更是在学校需要继续取得良好的教学成绩、继续保持良好的发展态势的情况下举行的。因此，这次开学典礼非比寻常，而我要给孩子们讲的也与往年有所不同。

首先，我在总结回顾过去一年取得的成绩时，除了创造历史纪录、获得诸多荣誉，还重点强调了“低进高出”，就是全县考上“985”“211”的不足百人，我校有中考排名800多的学生上了名牌大学；全县重点本科上线不足800人，我校有中考排名1800多的学生上了重点本科；全县普通本科上线不足1800人，我校有中考排名3000名以后的学生上了普通本科。我还说我们正在积极创建“优质名牌高中”。我强调这些的目的一是稳定军心，二是激励斗志，说明今年的生源虽然“史上最差”，但是可以“低进高出”。

其次,我在给孩子们提出希望时,讲了“五个第一”:让爱国成为第一信念,让梦想成为第一追求,让自信成为第一品质,让自律成为第一习惯,让优秀成为第一印象。其中,“让优秀成为第一印象”的提法是我创造的。我希望孩子们都能给自己贴上优秀的“标签”,始终提醒自己:要做最好的自己,要让自己变得更优秀,要与优秀的人在一起,要让别人看到自己的优秀,在塑造优秀形象的过程中塑造成功的人生。

场景四十一

祭孔大典，要说培根铸魂养精神的话

场景

2020年9月28日是至圣先师孔子诞辰2571周年，学校在和美楼前青春广场隆重举行2020年祭孔大典暨书香校园启动仪式。儒家文化作为我国传统文化的精髓，是中国人精神品德的内核。儒家经典滋养了中华民族的一代代人，学校必须承担起传承优秀传统文化的重任。

说 话

祭孔典礼是与祭祀天地、祭祀社稷并列的“国之大典”，是传承中华文化的象征。今天，我校举行祭孔大典暨书香校园启动仪式，全校师生缅怀先贤，诵读经典，意义深远。

朱熹说：“天不生仲尼，万古如长夜。”我们无法想象，没有“仁义礼智信”来经纬人的道德，没有“温良恭俭让”来涵养人的精神，中国会有怎样的历史,百姓会有怎样的生活?

赵普说:“半部《论语》治天下。”微言大义的《论语》,既是振聋发聩、响彻千年的黄钟大吕,又像醍醐灌顶、指点迷津的长者叮咛,让我们明白做人处事的道理,少走许多人生的弯路。

古人说:“粗缯大布裹生涯,腹有诗书气自华。”一个人的精神启蒙,往往始于传统经典的滋养。今天我们在此礼敬先师孔子,启动书香校园,目的是引领全校师生爱经典、读经典,用书香浸润校园,用经典浸润身心,继承中华优秀文化的精髓,践行社会主义核心价值观,进一步提高师生人文素养,提升学校办学品位。

汪洙说:“万般皆下品,惟有读书高”。老师们、同学们,让我们在阅读中传承国学经典,在阅读中践行核心价值,在阅读中收获生命成长,让所有的男生都成为温文尔雅的谦和君子,让所有的女生都成为温润如玉的雅静淑女,让综合高中的校园充满家国情怀、充满氤氲书香。

最后,祝先师孔子的精神万代传扬,祝我校的书香校园建设圆满成功!

心路

传承、弘扬中华优秀传统文化,继承、发扬中华传统美德,是学校德育的重要任务。每年的9月28日是至圣先师孔子的诞辰。近年来,每年这个时间学校都组织全校师生举行祭孔仪式,传承、弘扬优秀传统文化,涵养传统美德。今年不同往年,政教处根据学校工作创新的要求,从曲阜请来了专业团队,按照祭孔的传统范式,结合学校思政要求,设计了新的祭孔活动方案。

上午9点仪式启动,36名学生身着汉服表演《礼记·礼运·大同篇》。活动内容共分九章。第一乐章:天人合一。礼赞官宣读礼赞词,我跟随礼官入场,洗手礼。第二乐章:万世师表,我宣读祭文。第三乐章：普天同祭，敬献祭礼。第四乐章：圣道大光，全体师生拜先师。第五乐章：庠序千秋，教师代表发言，表达对至圣先师的歌颂和崇敬之情。第六乐章：师道尊严。窦丽华老师上台，任丽伟同学的家长携子行束修六礼，家长赠师者戒尺，教师训诫学生头肩身，家长致辞。第七乐章：大道之行。书香校园启动仪式邀请新华书店时经理、齐鲁中学李校长为捐赠书籍揭幕。然后，校长致辞。第八乐章：自强不息。全体师生诵读《论语》精品句子。第九乐章：儒风浩荡，师生问答。最后，全体师生齐唱国歌，仪式结束。历时一小时，全体师生享受了一场传统文化与现代文化交融的盛宴，非常震撼、非常圆满！

附祭文：

维公元2020年，岁在庚子，节属中秋，先师孔子诞辰2571年，谨备献花雅乐，敬奠于夫子暨诸圣晢之灵。辞曰：

天地玄黄，宇宙洪荒。煌煌中华，郁郁文明。禹临具丘，疏浚九河，三过家门，克己奉公。齐鲁大地，礼乐兴盛，九达天衢，安德古城。大哉孔子，万世垂功；师表万代，贻范后生。先贤教化，赖师传承；后代文明，由师开宗。志道依仁，内修外用；己所不欲，勿施于朋。为政以德，修齐治平；近悦远来，和而不同。弟子三千，七二贤公；有教无类，玉振金声。文明化止，天下大同；高山仰止，世代景从。齐鲁遗风，琅琅书声；诵典读经，书香禹城。重道兴学，风雅天成；立德树人，质量先行。君子达德，我辈修同；仁济天下，待我后生。金秋丽日，云淡风清；先师圣诞，华人共庆。群贤少长，雅会于庭；鲜花乐舞，聊表至诚。敬告先师，伏惟尚飨！

场景四十二

又到新年，要说凝神聚力开新局的话

场景

2020年12月30日，学校在餐厅二楼演出大厅举行2021年元旦文艺晚会。我第三次站在台上致辞，感觉从容镇定了许多，说的话也朴实了很多。但是，多年的文字工作让自己怎么也不甘心太过平庸，我憋了好久，终于憋出几句自己独创又自觉非常经典的话——“五个力”，后来作为发展力量列入学校发展文化谱系。

说话

即将过去的2020年，必将在中华民族发展史册上留下辉煌闪耀的一笔。以习近平同志为核心的党中央统揽全局，运筹帷幄，团结带领全国人民攻坚克难，奋勇拼搏，交出一份人民满意、世界瞩目的完美中国答卷！纵观天下大势，西方世界灾难丛生、风雨飘摇，中国安定繁荣、风景独好。我们为生长在这样的国家而无比幸运，为拥有这样的祖国而骄傲自豪！我们有理由热爱我们的党，热爱我们的国家，热爱我们的人民！祝愿我们祖国更加繁荣昌盛、美丽富强！

过去的2020年，也必将在我们学校的发展史册上留下浓墨重彩的一笔。全体师生秉持“和美”教育理念，团结奋斗，逆境图强，创造了一项又一项骄人的业绩。高考质量实现新目标，党建引领竖起新品牌，学校管理激发新动能，教育教学取得新成果，教研教改探索新方略，教师成长取得新成就，学校发展开辟新路径，幸福校园呈现新气象。如今的综合高中风清气正、人心思进、欣欣向荣，已步入良性发展新轨道。这是全体干部、教师、学生共同努力的结果，是各级领导、社会各界、学生家长关心支持的结果。在此，我代表学校向为学校发展付出艰苦努力、心血汗水的老师们、同学们，以及各级领导、社会各界朋友、各位家长致以崇高的敬意和衷心的感谢！

元旦钟声敲响新起点，欢聚一堂畅想新作为。

2021年，我们继续秉持“和美”教育理念。自强不息，志存高远，脚踏实地，一往无前，全力营造和美共生的优质发展新境界。

我们继续坚持党建统领原则。发挥模范作用，争当教学先锋，勠力同心克难攻坚，保持稳步发展的定力和正确的发展方向。

我们继续坚持质量核心原则。瞄准高考新目标，奋力攀登新高峰，以过硬的质量、傲人的成绩夯实发展根基，赢得各方肯定，开拓发展空间。

我们继续坚持教学至上原则。抓牢课堂教学，深化课题研究，带动学科突破，引领内涵提升，着力打造创新高效课堂，努力追求办学高效益、育人高质量。

我们继续坚持教师优先原则。扎实开展学习研究、展示交流活动，促进教师专业成长，以教师的高素质奠基教育的高品质，赢得发展的高速度。

我们继续坚持学生第一原则。把是否有利于学生全面发展、个性发展、更高层次发展作为衡量学校工作的唯一标准，努力打造学生家长应心学校，办好人民群众满意的教育。

我们继续坚持以人为本原则，不断改善办学条件，优化育人环境，积极开展“送健康、送温暖、送幸福”活动，着力打造幸福校园，让全体师生安心学习、舒心工作、开心生活，朝着自己的梦想不断前进。

老师们、同学们：沧海横流方显英雄本色。在新的一年里，让我们继续保持“石榴籽”一样的向心力、“钱塘潮”一样的冲击力、“草原狼”一样的组织力、“筑巢鸟”一样的创造力、“风滚草”一样的生命力，顺势扬帆，击柝中流，只争朝夕，战天斗地，奋力开创综合高中跨越发展、蒸蒸日上的崭新局面，努力向全市人民交上一份满意的答卷！

心路

元旦寓意一元复始、万象更新，新年寓意岁月交替、辞旧迎新。每逢元旦、新年，我们总会回首过去：做了什么事情，取得了什么成绩，留下了什么遗憾；总会畅想未来：如何继往开来，如何改进工作，如何再上新台阶。新的一年，必须要开创新局面，关键要凝心、会神、聚力。

凝心我用了一个“夸”字诀。首先夸“国之大者”。夸我们伟大的党、伟大的国家、伟大的人民。党中央坚持人民至上、生命至上，全国人民同心同德、共克时艰，取得抗击疫情的伟大胜利。爱党、爱国、爱人民，这是所有中国人的共同心声。其次夸“校之大者”。夸我们的学校、我们的老师、我们的学生，大家挥洒汗水，团结奋斗，创造了历史最好高考成绩，创造了一项项骄人的业绩。风清气正、人心思进、欣欣向荣、良性发展，是学校目前真实的写照。

会神我用了一个“续”字诀。经过两年半的摸索，我已经找到学校发展的“内功心法”和“外功招式”，下一步要想的、要做的就是苦练内功，勤修外功，把治校、治学的“武功”练到最高境界。所以，新一年的主题就是“继续秉持”和“继续坚持”。继续秉持一个理念，即“和美”教育办学理念;继续坚持六项原则,即党建统领、质量核心、教学至上、教师优先、学生第一、以人为本。每一项都是重点,每一项都是关键,每一项都贯穿“和谐共生、美美与共”的教育发展理念,都是“和美”教育理念的生动实践。

聚力我用了一个“比”字诀。人从自然而来,人类社会的一切智慧都是从学习、研究自然而来的。此所谓“道法自然”。在大自然面前,人的力量是渺小的,自然的力量是无穷的。既然要聚力,就要向大自然学习借取,此所谓“自然有力”。

于是,我选取大自然中非常有代表性的五种事物,来比拟当前学校发展急需的五种力量。学校发展队伍建设需要向心力,就用籽粒抱得最紧的“石榴籽”来比拟;推进工作、克服困难需要冲击力,就用中国人熟悉的“钱塘潮”来比拟;分工协作、统筹协调需要组织力,就用擅用“兵法”团体作战的“草原狼”来比拟;高效课堂、特色办学需要创造力,就用被誉为自然界建筑大师的“筑巢鸟”来比拟;逆境图强、攻坚克难需要顽强的生命力,就用在沙漠极限条件下能够生存的“风滚草”来比拟。这些比拟形象直观,切中肯綮,直入人心。老师们听得两眼放光。

会后,这“五个力”被列入学校文化谱系,成为全体师生的精神内核。

场景四十三

新年茶话，要说志存高远绘新篇的话

场景

2021年1月6日，学校邀请干部、教师、职员代表和离退休干部、教师代表分批参加新年茶话会，共商发展大计，共话美好未来。我作为主角，照例要说些一锤定音的话。

说话

2020年，我们一起这样走过——

一、争得几项颇有分量的荣誉

（一）全国青少年校园足球特色学校

（二）禹城市党建工作先进单位

（三）禹城市高考集体三等功

（四）禹城市教育教学工作先进单位

（五）禹城市事业单位综合考评一等奖

(六)禹城市社会科学普及示范基地

(七)禹城市禁毒教育先进单位

(八)禹城市健康促进学校

(九)禹城市红旗团委

(十)山东农业大学优秀生源基地

二、做了一些实在、有效的工作

(一)疫情防控取得胜利。全体党员干部和志愿者投身抗疫一线,日夜值守,护家佑校。全体一线教师化身网络达人,夙兴夜寐,教书育人。全校涌现一大批英雄群体,我校的抗疫做法成为禹城样板,在学习强国视频刊播,引起较大的社会反响。

(二)高考成绩再攀新高。在中考前800名、1800名、2600名仅录取52人、334人、864人的基础上,高考一本、二本、上线总量分别达到111人、449人、964人,真正实现低进高出,学校增值明显,特色办学,成绩连年攀高,受到市委、市政府记功嘉奖。

(三)党建工作擦亮品牌。打牢"三进、三学、双培养、示范岗、创特色"等五个党建支撑,树立"党徽熠熠,和美共生"新品牌,党员干部以身作则、率先垂范,带着大家干、干给大家看,真正让党徽在群众身边闪耀,在工作当中闪光。

(四)学校管理日臻完善。注重完善各种制度,把权力关进制度的笼子里;注重完善决策机制,把民主管理、科学决策、公开透明真正形成常规;注重完善落实措施,实施工作督查日查、日报、日改,力求让有效管理成为管理过程优化的自然结果。

(五)教学改革不断深入。在"五点"创新课堂得到全面落实的基础上,进一步深化探索"五点五步"创新高效课堂,改进课堂教学范式,落实以学为主,框定学习环节,提高课堂效率,力求让教学质量成为教学过程优化的自然结果。

(六)教育研究精准有度。聚焦课堂教学,转向内涵发展,扎实开展学课标、做考题、听评课、读书交流等系列活动,组织教师研究课题、参评参赛、研学研讨,涌现出省、市、县、校级优秀教师和教育工作者30余人,力求让优质教学成为教师素养优化的自然结果。

(七)思政工作创新路径。注重学科育人,扎实做好教学德育渗透工作,打造课堂教学思政主渠道;注重课程育人,开发自律和励志教育校本课程,开辟学生德育新路径;注重活动育人,举办祭孔大典、演讲比赛、心理疏导活动等,促进学生身心健康和谐发展。

(八)书香校园初步成型。制定"楼楼有书柜、班班有书橱、处处能读书"书香校园建设方案,每栋教学楼都设置了智能书柜,每个班级都设置了班级书橱,教师星空读书吧正在创建,教师阅读中心、交流中心已经到位,让图书走近师生,伸手可及。

(九)办公条件提档升级。通过政府采购,为全体一线教师更换新办公桌椅和新笔记本电脑,重新建设高标准的"和美大讲堂"学术报告厅和演出报告活动大舞台,全部安装电子大屏,为提高办公活动的档次和品位提供有力保障。

(十)幸福校园落地落实。组织教师体检,安装健身器材,开展趣味运动会,举办工间操等活动,让老师们身体更健康;开展政治阅读、理论阅读、学科阅读等读书奖励活动,让老师们精神更丰富;开展生日祝福、生育看望、大病慰问等"温暖到家"系列活动,让老师们心底更温暖。教师幸福指数得到进一步提高。

2021,我们有这样一些考量——

一、高考树立新目标

一本上线120人,二本上线450人,艺体、春考上线550人,本科上线总量突破1000人!

二、发展作出新遵循

2021年是国家"十四五"规划的开局之年,也是我校努力提档升级、实现内涵发展的关键之年。我们要认清发展形势,明确发展方向,保持发展定力,走好属于自己的发展道路。

我们要继续秉持"和美"教育理念。自强不息,志存高远,脚踏实地，一往无前，全力营造“和美共生”的发展新境界。

我们要继续坚持党建统领原则。擦亮“党徽熠熠，和美共生”品牌，发挥党员的模范作用，保持发展定力和正确的方向。

我们要继续坚持质量核心原则。瞄准千人大关新目标，奋力攀登发展新高峰，以过硬的质量、骄人的成绩夯实发展根基，赢得各方肯定，开拓上升空间。

我们要继续坚持教学至上原则。抓牢集备、周清和“五点五步”创新课堂，推进“1+12”课题研究。带动学科突破，引领内涵提升，着力打造创新高效课堂，努力追求办学高效益、育人高质量。

我们要继续坚持教师优先原则。扎实开展读书学习、课题研究、教学展示、经验交流、外出培训等活动，促进教师专业成长，以教师的高素质奠基教育的高品质，赢得发展的高速度。

我们要继续坚持学生第一原则。把是否有利于学生全面发展、个性发展、更高层次发展作为衡量学校工作的唯一标准，努力打造学生家长放心的学校，办好人民群众满意的教育。

我们要继续坚持以人为本原则。继续规范管理、完善考核、增加绩效、落实奖惩，着力打造公平公正的工作平台。积极开展“送健康、送温暖、送幸福”活动，着力打造和谐幸福美丽校园，让全体师生安心学习、舒心工作、开心生活，朝着自己的梦想不断前进。

沧海横流方显英雄本色。2021年，让我们继续携手同行，清醒地面对现实，击柝中流，心怀美好的梦想，顺势扬帆，瞄准宏伟的目标，只争朝夕，冲破一切阻碍，战天斗地，奋力开创综合高中跨越发展、蒸蒸日上的崭新局面，努力向全市人民交上一份满意的答卷！

心路

由于学校今年创造了历史最好的高考成绩，办学条件得到极大改善，各方面也都取得了很好的成绩和荣誉，今年的茶话会开得非常轻松愉快。

总结成绩、制定目标、制定下一步措施等都是老生常谈，没有什么新鲜的。值得一说的是办学条件改善。2018年之前，学校每年有几百人的扩招计划，收取的培养费基本和学杂费、生均经费数额差不多，日子相当好过。但是2018年取消了扩招生政策，不允许再收取培养费。对学校来说，这几乎等于减少了一半的经费，加之经费管理政策越来越严格，不允许随便花钱，日子就相当难过。偏偏这时候，我来当校长了。经费少了，不得已，我制定了“三保”政策，即有限的经费必须用到刀刃上，必须优先保运转、保教学、保绩效。其他像大型基建项目一律暂停，购置项目则看经费是否允许。

尽管如此，两年多来，我还是挤出经费，大大改善了教学和办公条件。2019年上半年实现了班班多媒体；为全体一线教师配备了笔记本电脑，更换了办公桌椅；建成了教学资源管理平台，完善了巡课系统；完善了校园监控。2020年建成了录播教室；重新装修了大报告厅，安装了电子大屏，更换了会议桌椅；重新装修了餐厅二楼演出舞台，安装了电子大屏；重新装修了党建办公室和教师阅览室，更换了电子装备和办公设施等。学校信息化水平和教学办公条件提高到一个全新的档次，在德州市各高中之中也排前列。

这些实实在在的改变，老师和同学们看在眼里、记在心里，都非常赞成！我办点实实在在的事，心里更踏实！

场景四十四

开学誓师，要说披荆斩棘攀新高的话

场景

2021年3月1日，学校举行春季开学网络升旗仪式暨高考百日誓师大会。经历了一年多的疫情考验，全体师生深受全党全国各族人民团结奋斗的鼓舞，以更加意气风发、斗志昂扬的姿态闯入新时代，勇攀新高峰。

说话

春雨润沃土，瑞雪兆丰年。2021年是中国共产党成立100周年，是国家“十四五”规划开局之年，也是全面建设社会主义现代化国家新征程开启之年。在历史的长河中，这一年注定要留下极其重要的印记。2021年更是我校适应形势变化、着力提档升级、加速内涵发展的关键之年、突破之年、决战之年。在学校发展中，这一年也必将留下浓墨重彩的一笔。

高考是主战场，质量是生命线。2021年，我校的高考目标是本科上线总量突破千人大关。为了实现这一宏伟目标，在新的学期，我们要继续秉持“和美”教育理念，全力营造和美共生的发展新境界；继续秉持党建统领原则，保持发展定力和正确的方向；继续秉持质量核心原则，以过硬的质量夯实发展根基，赢得各方肯定，开拓上升空间；继续秉持教学至上原则，打造创新高效课堂，努力追求办学高效益、育人高质量；继续秉持教师优先原则，以教师的高素质奠基教育的高品质，赢得发展的高速度；继续秉持学生第一原则，着力打造学生家长放心的学校，努力让更多的孩子成人成才；继续秉持以人为本原则，让全体师生安心学习、舒心工作、开心生活，朝着自己的梦想不断前进。

旌旗猎猎舒壮志，誓言铮铮铸辉煌。在距离高考不到100天的时间里，每一周、每一天都弥足珍贵，每一时、每一刻都不容虚度。

希望全体教职员工以更加饱满的工作热情，更加高效的务实作风，更加用心的精细服务，全身心投入到备战高考的各项工作中去，不虚度每一寸光阴，不漏掉每一个问题，不放弃每一个学生，全心全意，全力以赴，久久为功，“甘将心血化时雨，润出桃花一片红”。

希望全体高三同学要坚定理想和目标，以摘星问鼎、踏月夺魁的志气面对高考；要坚定必胜信念，以乾坤未定、舍我其谁的勇气面对高考；要坚定平和的心态，以淡看风云、笑看花开的静气面对高考；要坚定备考策略，以科学精准、正确有效的方法战胜高考；要坚定备考意志，以严细实恒、完美无缺的过程赢得高考，相信“百日冲刺动天地，一朝功成定乾坤”。

希望高一、高二的同学以高三的同学为榜样，树立远大的志向，做好发展规划，确立人生梦想，锚定高考目标。以规划为导向，不断矫正前进的方向；以目标为引领，始终瞄准发展的坐标。一步一个脚印，一点一滴超越，坚信“江山代有才人出，各领风骚数百年”。

老师们、同学们：开局即决战，起步即冲刺。在新的一年里，让我们大力弘扬为民服务孺子牛、创新发展拓荒牛、艰苦奋斗老黄牛精神，九牛爬坡、牛气冲天、铆足牛劲、“牛”转乾坤，立志在跨越发展的新征程上创造新业绩，努力在“和美”教育的新时代中展现新作为，以更加优异的成绩向建党100周年献礼！

心 路

因为疫情防控需要，学校不能举行大规模聚集活动，高三年级就想到了借着周一的升旗仪式举行网上高考百日誓师大会。我和高三教师、学生代表在录播室进行规定程序的活动，其他高三师生在各班教室看网上直播，然后再举行自己的活动。这算不算疫情之下的一个创造？

虽然受到疫情影响，但是高三全体干部、师生信誓旦旦、意气风发、斗志昂扬，发誓要创造更好的成绩，为党的百年华诞献礼，为学校发展增光添彩！作为校长，我必须为他们擂鼓助威、加油鼓劲！

首先，突出一个“大”字，我讲今年很重要，大家要明白。为什么？从当前的形势讲，2021年是中国共产党成立100周年，是国家“十四五”规划开局之年，是全面建设社会主义现代化国家开启之年。从学校的发展讲，今年是学校提档升级的关键之年，是内涵转变的突破之年，是证明成果的决战之年。高三每一名干部、师生都必须意识到自己肩负着重大的责任，有重大的责任才有巨大的压力，有巨大的压力才有强大的动力，有强大的动力才有伟大的行动，有伟大的行动才能实现远大的目标，才能成为“国之大者”。

其次，突出一个“定”字，我说目标已确立，步伐要坚定。我坚信，瞄准天上的星星总比瞄准树上的苹果打得高，本着“跳一跳摘桃子”的想法确定了新目标。虽然新目标有些偏高，但并非遥不可及。目标定得太低，大家轻轻松松就能实现，工作就没有了压力和动力。而六个“继续秉持”所框定的行动规则，会让大家的工作思路更加清晰，前进的脚步更加坚定。

再次,突出一个“更”字,我说期待大家更努力,表现更出色。我对教职员工的期待是“甘将心血化时雨,润出桃花一片红”,对高三同学的期待是“百日冲刺动天地,一朝功成定乾坤”,对高一、高二同学的期待是“江山代有才人出,各领风骚数百年”。

最后,突出一个“牛”字,我说决战时刻已到,拼命往前冲。2021年是牛年,借用伟人的话,鼓舞大家全面发扬“三牛”精神,铆足牛劲往前冲,披荆斩棘不停步,耕天犁地定乾坤!

“大”局已“定”,干劲“更”“牛”。虽然我第一次通过现场直播形式发表讲话,但是总体表现感觉不错!

场景四十五

女神聚会，要说把自己当回事儿的话

场景

2021年3月5日，作为“三八”国际劳动妇女节的活动之一，学校举行女教工“高能量工作，高存量成长，高质量生活”专题报告会，邀请了山东师范大学的乔教授来作主题报告。我受邀参加，并被邀请跟大家说几句话。我想，一会儿教授要讲话，自己的讲话不能太差劲，否则对比太明显，会有失自己的形象。既要结合活动主题，又要照顾女老师的特点，我讲了女人要把自己当回事儿。

说话

尊敬的乔教授，亲爱的老师们，大家下午好！今天我和××书记、××校长受到邀请，与全体女老师一起庆祝“三八”国际劳动妇女节，我感到非常高兴！刚才大家收到了节日礼物，相信大家很开心。

一会儿乔教授还会为大家奉上一顿精神大餐，相信大家会更开心。借此机会，我跟全校女老师说几句知心话。我想说的是：女人，要把自己当回事儿。

那么，女人怎么做才算真正把自己当回事儿呢？

首先，要把工作当回事儿。

一要认清工作。工作是安身立命之本，学校是心灵依托的港湾。跳出工作看工作，跳出单位看单位，没了工作你将为生活生存而劳苦奔波，没了单位你将为失去归宿而孤独彷徨。有没有工作岗位，就像有没有母亲，有妈的孩子像块宝，没妈的孩子像根草。工作单位就像母亲一样养育了大家，大家理应依恋它、崇敬它、热爱它。

二要享受工作。要享受工作收获带来的满足感，工作成果带来的喜悦感，工作创新带来的成就感。

三要用心工作。我们现在的工作地位来之不易，要珍惜它、善待它、维护它。认真去做每件事，把事做对；用心去做每件事，把事做好。用工作为人生积累财富，用工作为人生积累荣誉，用工作体现人生价值。在工作中指点江山、游刃有余、表现出色的女人最有魅力。

其次，要把成长当回事儿。

一要快速成长。要适应日新月异的美好新时代，适应令人眼花缭乱的现代高科技，适应立德树人的教育新要求，不要与这个时代渐行渐远，否则你会有种被抛弃的感觉。

二要快乐成长。要享受读书的快感，学习的乐趣，胜利的兴奋，进步的幸福。就像学习强国“答题争上游”，两局都赢了，就会激动万分，心潮澎湃。

三要精准成长。要专注思想成长，做一个能思考、有内涵的女人，要有女人范儿；要专注专业成长，做一个素质高、能力强的女人，要有女人样儿；要专注艺体成长，做一个身心美、情趣雅的女人，要有女人味儿。有范儿、有样儿、有味儿，这样的女人最有魅力。

再次，要把心态当回事儿。

一要保持积极的心态。保持正知正念，正面看待一切，对人实诚不巧诈，对事精诚不应付，对己真诚不自欺，始终充满正能量

二要保持理性的心态。处理好与领导、同事、家人、朋友、路人的关系，与领导处得好你会得到支持，与同事处得好你会得到帮助，与家人处得好你会得到放松，与朋友处得好你会得到陪伴，与路人处得好你会收获惊喜。这样，你的工作、生活环境才会越来越和谐。

三要保持阳光的心态。心中有鲜花，眼中才有美景；心中有宽容，眼中才有良人；心中有感恩，眼中才有关爱；心中有平和，眼中才有从容。相由心生，拥有一个良好的心态会让你年轻美丽，神采飞扬。

最后，要把生活当回事儿。

一要追求高品性。主要把握好共性、个性与人性。要有共性，就是把自己融入集体，就像一条鱼要在大海里才能畅游；要有个性，就是不能失去了自我，活得没有存在感；要有人性，就是坚守做人的底线，不能活得没人味儿，做人千万要守住底线。

二要追求高品位。主要把握好高低、贵贱和取舍。理因曲直见高低，可以看出一个人的见识；事因黑白分贵贱，可以看出一个人的品格；物因正悖明取舍，可以看出一个人的格局。希望大家做一个不仅阳台花园高、品格也高的女人，不仅气场大、格局也大的女人，真正活出高品位。

三要追求高品质。主要把握好工作、家庭和圈子。工作不好，没有稳定的收入来源，就没有高品质生活的物质基础；家庭不好，没有和美的爱情亲情，就没有高品质生活的情感基础；圈子不好，没有围城之外的友情，就没有高品质生活的精神基础。对一个女人来讲，金钱、爱情、友情一个都不能少。

综上所述，女人把工作、成长、心态、生活当回事儿，是一种自重的表现、自律的表现、自信的表现、自强的表现，这才是真正把自己当回

事儿。你如果不把工作、成长、心态、生活当回事儿,仅仅是把自己当回事儿,那就没人把你当回事儿。希望全体女教工都能干事儿,都能成事儿,学校要依靠你们把所有事儿都办好!

最后,祝大家越来越年轻,越来越美丽!

心路

俗话说,妇女能顶半边天。在我们学校,女人能顶半边多天,因为学校一共有300多位老师,女老师有200多人。一年一度的"三八"国际劳动妇女节是一个很好的交流沟通机会,去年因为疫情没有举办活动,但是发放了礼物,今年除了发节日礼物,还特别邀请女性发展研究专家、山东师范大学乔资萍教授来给女老师作报告。作报告之前,主持人要求我讲几句。在大学教授面前讲话,我感觉有些压力。不过,她讲她的,我说我的,角度虽不同,但目标相同。为了说得"好听"些,我精心编了一些"新句",造了一些"新词",希望给女老师们带来一些新鲜感。

首先是观点"新"。一开始我提出这次讲话的观点是"女人,要把自己当回事儿"。这个观点与众不同,一上来就给老师们带来听觉冲击,引起她们听下去的兴趣。

其次是命题"新"。我讲话设了四个小标题,每个小标题都与观点一脉相承,围绕"怎么做才算真正把自己当回事儿"这一话题,提出必须把工作、成长、心态、生活当回事儿这样四个论题。后面两个话题比较贴心,老师们都很乐意听。前两个比较"官方",可能老师们不太乐意听。为了增加认可度,我尽量不讲大道理,说女人如何更有魅力。比如在说精准成长的时候,我建议女老师专注思想成长,让自己有女人范儿;要专注专业成长,让自己有女人样儿;要专注艺体成长,让自己有女人味儿。有范儿、有样儿、有味儿,这样的女人最有魅力。老师们听了之后都露出若有所思的样子。

最后是说法“新”。尤其在说“要把生活当回事儿”的时候，我说追求高品性，要把握好共性、个性与人性；追求高品位，要把握好高低、贵贱和取舍；追求高品质，要把握好工作、家庭和圈子。希望大家做一个不仅阳台花园高、品格也高的女人，不仅气场大、格局也大的女人。每一个说法都是“新”的，都是我深入思考之后的“发明创造”，只此一家，别无分号。

场景四十六

疫后新春，要说精准发力开新局的话

场景

2021年3月12日，新春开学，学校在大报告厅召开全体教职工会议，部署新学期的工作。在疫情防控进入常态化和新高考落地、新教材启用的新形势下，如何瞄准目标、适应变化、精准突破、持续提升，成为大会的主题。

说 话

锐始者必图其终，成功者先计于始。今天我们召开全体教职工大会，主题是贯彻落实各级教育工作会议精神，总结上学期工作情况和存在的问题，部署新学期工作总体思路、目标任务和工作重点，坚持问题导向，精准攻坚突破，凝聚发展共识，积聚发展力量，奋力实现本学年任务目标，推动学校各项工作取得新进展，实现新跨越。

刚才，学校隆重表彰了上学期取得突出成绩的优秀教师、优秀班主任。××校长通报了上学期的工作成绩，代表学校对新学期教学工作作了具体安排。几位优秀教师、班主任代表分别作了经验交流。希望大家认真学习领会，抓好贯彻落实。下面我讲三方面的意见：

一、正确看待成绩和问题，坚定加快发展的责任感和使命感

2020年面对疫情的挑战，学校党总支团结带领全体教职员工，坚持以习近平新时代中国特色社会主义思想为指导，全面贯彻落实党的教育方针，认真践行“为党育人、为国育才”的初心使命，深入研判新形势，分析新问题，采取新举措，以“和美”教育理念为核心，统筹推进疫情防控和教育教学工作，不断取得新成绩，创造新业绩。

一是党的建设全面加强。认真履行全面从严治党政治责任，深入推进党风廉政建设，高质量完成市委巡察组对我校的巡察，零容忍筑牢师德师风防线，有力地推动了学校各项事业发展。“党徽熠熠，和美共生”党建品牌成功入围德州市级“一校一品”示范校，并备选省级党建品牌。

二是育人质量稳步提升。2020年高考取得本科上线964人的突出成绩。上学期期末德州统考，各年级成绩均较期中考试有进步，较入学成绩有进步。这一方面说明老师们的干劲儿很大，付出的心血和汗水很多；另一方面说明我校教学质量整体上升的趋势依然强劲，我们工作有底气、有动力。

三是治校能力持续提高。坚持依法治校，完善管理制度，规范治理体系，把权力关进制度的笼子里，努力营造风清气正的管理氛围。在疫情大考中，全校师生众志成城，共克时艰，构筑起疫情防控的坚固防线，保障广大师生的身心健康与生命安全，得到各级督查部门的肯定和赞扬。日常管理严格落实日查、日报、日改制度，落实安全责任制及责任追究制，全面提升安全风险管控水平，为学校持续稳定发展提供了可靠的安全保障。

四是教学教研扎实推进。教学策略上，探索多元发展、特色办学，艺术教学、小语种教学取得较大突破；教学管理上，打造“五点五步”高效课堂,严格落实教学常规、集体备课、周清月考等措施,为提高质量夯实基础;教学研究上,实施了“1+12”学科突破引领内涵提升课题研究三年行动计划,开展学课标、做考题、优质课、立标课活动,老师们边教学、边研究、边思考,学科素养稳步提升。

五是思政教育探索新路。根据上级政策要求和当前形势变化,以及学生身心发展的新特点、新要求,我校以“自律和励志”为主题,积极开展祭孔大典等德育活动,探索思政教育新规律、新方法、新路径。政教处搜集整理了十个典型作为成功案例,进一步探索和推广。

六是先模人物不断涌现。注重培养典型、挖掘典型、树立典型,涌现出一大批像六个年级主任一样忠诚敬业、担当有为的优秀干部,一大批像今天发言的六位老师一样勤勤恳恳、踏实工作的优秀教师,一大批像贾崇霄同学一样勤奋学习、见义勇为的优秀学生。这些优秀干部、优秀教师、优秀学生代表着学校的形象,支撑着学校的发展。

七是办学条件不断改善。坚持以人为本,为学生教室安装空调,配备了自动借书柜,每个班级配备了必读书目的图书橱,方便学生阅读。为教师配备了新办公桌椅及电脑,整修了教师阅览中心和学术交流中心,为大会议室和餐厅二楼大厅安装了两台先进的电子大屏,在校园内规划了健身场地,安装了健身器材等。与新华书店协调,引进校园书店建设项目,在教学楼二楼阳台建设了教师星空读书吧等。师生的幸福指数不断提高。

习近平总书记说:“平凡铸就伟大,英雄来自人民。每个人都了不起!”在学校教育事业成就的背后,无数倾情投入、担当作为的个人和集体让我们感动和自豪,无数攻坚克难、奋发进取的故事让我们铭记于心。在此,我代表学校向大家表示衷心的感谢和崇高的敬意!

我们为优异的成绩而骄傲、自豪的同时,也要清醒地认识到存在的问题与不足。比如,在发展方面,学校面临着政策变化、财力不足、重点压制、民办挤压等外部压力,面临着提档升级、开拓创新的内部压力。在管理方面,有的干部、教师工作站位不高,只顾眼前不顾长远。

一些工作的开展还存在形式主义问题，工作方法简单粗暴。一些干部身上存在官僚主义问题，漠视集体，脱离群众。学生纪律管理存在松、软、散问题，违纪现象和问题学生增多。在教学方面，有的年级、学科教学常规的落实还不十分到位，课堂效率不高。有的学科集体备课和教研活动开展流于形式，不务实、不扎实，影响了教学质量和整体水平。在队伍方面，干部总体数量不足，结构老化，思想固化，工作僵化，工作创新性不足。有些教师被动学习，主动学习的劲头不足。有些教师不善于研究思考，成长缓慢，优秀教师总体数量偏少。个别教师不注重自律、自重、自省、自励，言行随意，甚至任性妄为，损害了学校和个人形象，造成了不良影响。这些问题如果不能正确认识并有效解决，将阻碍学校的和谐、快速发展。因此，我们要以刀刃向内的勇气来深刻认识问题，全面分析问题，认真解决问题，消除学校发展的一切障碍，开创学校的美好未来。

二、准确把握形势和目标，奋力开创学校跨越发展新局面

2021年是中国共产党成立100周年，是国家“十四五”规划开局之年，也是我校适应形势变化、着力提档升级、加速内涵发展的关键之年、突破之年、决战之年，时不我待，唯有努力奋斗。

为此，新学期的总体思路是：立足新发展阶段，贯彻新发展理念，构建新发展格局，坚定落实“和美”教育理念，牢牢把握党建统领、质量核心、教学至上、教师优先、学生第一、以人为本六大原则，锚定2021年高考本科上线总量突破1000人大关的目标，以深化教育教学改革为动力，着力加强干部作风建设，加强师德师风建设，加强平安校园建设，奋力开创学校加快发展新局面，以优异的成绩庆祝中国共产党成立100周年。

（一）实施党建品牌提升工程，引领学校加快发展。突出“党徽熠熠，和美共生”党建品牌，以“三进、三学、示范岗、双培养、结对子、争先锋”为着力点，以市委巡察反馈问题整改为动力，扎实开展党史学习教育活动，比学习、比奉献、比成效，切实提升党员的政治素质，激发担当作为、干事创业新热情，争创省级学校党建优秀品牌。加强党对意识形态工作的领导，加强内外网、微信、微博等意识形态阵地的建设和管理，筑牢师生信仰防线。认真贯彻落实中央“八项规定”及其实施细则精神，深化运用监督执纪“四种形态”，坚决整治形式主义、官僚主义，持之以恒地正风肃纪，努力营造风清气正的政治环境。

（二）实施队伍素养提升工程，提高教育教学质量。习近平总书记强调：“干部特别是年轻干部要提高政治能力、调查研究能力、科学决策能力、改革攻坚能力、应急处突能力、群众工作能力、抓落实能力。”全体领导干部要旗帜鲜明讲政治、顾大局，坚持以师生利益为中心，想干事、能干事、干成事，不断解决问题、破解难题，在教育教学和管理一线锻炼本领，以过硬的本领展现作为、不辱使命。要进一步加强和改进新时代师德师风建设，持续组织开展优秀教师、优秀班主任、师德标兵评选等活动，坚决执行师德师风铁律，严格考核评价，加强违规惩处力度，营造良好的教育生态。更加注重培养骨干教师及学科带头人，全面落实、落细教学常规，深入推动“五点五步”高效创新课堂建设，着力提高课堂效率，提高教育教学质量。不断强化教师队伍新生力量的补充，着力培养能把握高考动向、能力突出的学科带头人，增强学校发展后劲。不断抓实、抓细高考备考，坚持面向全体，精准助力每一名学生进入理想的大学，确保本科上线突破1000人大关。

（三）实施规范管理提升工程，推动内涵发展提升。要进一步健全和完善考核评价、督查、激励、问责等机制，以考核奖惩倒逼责任落实、工作改进、效能提升，营造努力工作、干事创业、风正气顺、和谐有序的校园氛围。要全面推进“1＋12”学科突破引领内涵提升课题研究三年行动计划，以“1＋12”课题研究带动引领学科突破，大幅度提升教育教学质量。坚持推动课堂教学改革，探索符合新时代教育发展理念的课堂教学范式，打造学校核心竞争力，加速推动学校内涵发展。

（四）实施思政德育提升工程，助推学生全面发展。全面贯彻落实国务院办公厅印发的《关于新时代推进普通高中育人方式改革的指导意见》，准确掌握其核心要义，把握好“培养什么人、怎样培养人、为谁培养人”这一根本问题，立足教学、德育两个阵地，制定学生发展方案，实施教学、管理、指导三位一体的学生管理体系，积极解决学生发展存在的突出问题，探索以“自律、励志”为主题特色的德育发展路径，开展丰富多彩的德育实践活动，推动学生全面发展，打造学校德育特色品牌。

（五）实施安全校园提升工程，护航学生健康成长。进一步完善安全工作防范体系，加强安全教育，定期开展应急疏散演练，不断提高师生的安全防范意识、自救自护和应急处置能力。持续强化对学校教学楼、宿舍、厨房、餐厅、各功能室、用电设备、消防器材及防溺水、新冠肺炎疫情预防等重点场所、重点环节、重点部位的排查检查，即知即改、立行立改，筑牢校园安全防线。进一步深化法治教育，切实增强学生的法治观念、自我保护意识和能力，自觉遵规守纪、知法守法，提高预防违法犯罪的能力。牢固树立始于师生需求、终于师生满意的服务理念，定期征集教师和学生的意见建议，及时改进工作，完善管理。根据教育教学需要，持续改善、优化办公条件，探索后勤管理精细化、标准化服务，提高服务质量，不断提高师生对后勤服务的满意度，打造后勤服务新形象。

三、凝聚发展合力和共识，构建学校健康和谐发展良好生态

重点谈以下几个方面的问题：

（一）关于民主测评成绩不甚理想的问题。思考两个现象：一是年前上级对我校的全面工作进行民主测评，成绩不甚理想；二是市委巡视巡察三个学校，对我校的总体评价最好。

分析两个原因：个别老师一是对班子里的个别人有意见，所以会打叉号；二是对学校的个别事有看法，所以会打叉号。

认清两个危害；一是对学校整体工作、整体形象、整体发展是一种否定、一种伤害；二是对大多数勤勤恳恳工作，创造了优异成绩的老师是一种否定、一种伤害。

认识两个道理:一是民主测评不仅是对我校领导班子工作的一项评价,而且是对全体教职工工作的评价,还是市委、市政府对学校整体是否良性发展的一项考察;二是我们是一家人,应该一条心,团结起来一致对外,而不是搞窝里斗。这种做法解决不了任何问题,也没有任何价值,产生的唯一结果就是给学校、给其他老师、给自己脸上抹黑。纵观学校近几年的发展,无论是上级领导、社会的评价,还是学校管理、教学质量,学校取得的成绩有目共睹。年前,市委巡察组对教育系统三个学校进行巡视巡察,巡察组对我校的工作评价最高,这充分证明我们的学校是好的,我们的教职工是好的,我们的发展思路是对的。

学校是我们的精神支柱,只有学校发展好了,我们才更有尊严、有地位。学校是我们发展的支撑,是它给我们提供了展示自我、发展成长的平台,让我们腰杆更直,底气更足。作为学校大家庭中的一员,我们要像爱护自己的眼睛一样珍惜学校的名声,捍卫它的尊严。下一步学校将实行双向约谈机制,有事通过沟通交流的方式解决,通过正当渠道反映。学校是我家,发展靠大家!希望全体教职工进一步增强大局观念,自觉做到思想上认同学校、工作上服从学校、感情上信赖学校,把学校当成家,把同事当家人,一家人一条心,齐心协力,共同办好学校发展这件大事,共同把我们的家维护好、发展好。

(二)关于干部队伍作风的问题。目前多数干部是好的,但是也有个别干部在形式主义、官僚主义上存在诸多问题。有的政治思想意识不强,对上级决策部署有时认识不够深刻,工作执行不力,得过且过、漂浮虚夸、敷衍塞责、有头无尾、虎头蛇尾、打折扣、搞变通。有的宗旨观念不够牢固,大局观念差,服务师生的意识不强,摆谱端架,游离于群众之上,欺上瞒下、揽功诿过,对自己有利的事干,对自己不利的事不干。有的工作作风漂浮,主动深入教学一线学习调研比较少,只做表面文章,不能做到踏石留印、抓铁成痕。有的工作不敢担当,怕担政策风险,拈轻怕重,不愿较真碰硬。这些问题均不利于学校、不利于工作、不利于发展,必须及时解决。

之所以会有以上问题,是因为一些干部的思想意识出了问题,工作站位出了问题,工作境界出了问题,工作作风出了问题,必须深挖问题的根源,彻底解决问题。

为加强干部队伍建设,学校出台了中层干部工作示范制度,希望全体党员干部充分发挥先锋模范示范作用,兢兢业业、任劳任怨,以身作则、率先垂范,带着大家干、干给大家看,树立良好的干部形象,做到作风扎实、本领过硬、执行有力、落实有效、廉洁勤政、口碑良好。

(三)关于开展教学研究和课堂改革的问题。现在个别老师认为学校的成绩已经很好了,为什么还要进行教育教学改革,认为这是瞎折腾、搞花活,甚至有部分人持抵触心理,说怪话、说闲话、说难听的话。

其实,这是一种骄傲自满的表现,是一种不思进取的表现,是一种看不清事物发展规律的表现,非常要不得。

道理很简单:没有好老师就没有好成绩。好老师的标准是什么?怎么才算一名好老师?大家都知道,学如逆水行舟,不进则退。其实教也如逆水行舟,不进则退。

我们搞教学研究,搞课堂改革,一是学校当前发展面临的严峻形势的迫切需求。教育教学质量是衡量一所学校好坏的唯一标准,我们想要保持教学成绩,就必须不断改进课堂模式,改进教学方法,打造高效课堂。二是新高考、新课标、新课程的迫切需求。随着新高考政策的落地,艺考、春考招考政策的变化,我们的课堂教学必须随之作出新的调整,通过教师学课标、改进课堂、学科突破来适应现在的教学模式。三是教师自身发展、素质提升的迫切需求。没有好老师就没有好成绩,老师只有通过不断地学习,不断地充实自己,不断地提高自己,才能成为一名好老师。

我们既要心存梦想,又要扎根现实;我们既要仰望星空,又要脚踏实地。纵观名校发展之路,抓牢教师成长,打造名师群体,以名师来支撑名校,这是铁律。我们只有按照名校的正确道路发展,才能实现成为名校的宏伟目标;我们只有居安思危、未雨绸缪,才能立于良性循环的不败之地。

老师们、同志们:目标催人奋进,发展时不我待。让我们继续秉持“和美”教育理念,继续保持“石榴籽”一样的向心力、“钱塘潮”一样的冲击力、“草原狼”一样的组织力、“筑巢鸟”一样的创造力、“风滚草”一样的生命力,顺势扬帆,击柝中流,只争朝夕,战天斗地,奋力开创综合高中跨越发展、蒸蒸日上的崭新局面,努力向全市人民交上一份满意的答卷!

心 路

从我2018年入职一路走到现在,学校管理的基础架构、软件硬件已基本调整完毕,进入稳定运行阶段。现在要做的就是根据发展需要,不断落实、不断深化、不断优化、不断升级,尤其是要解决一些阻碍发展的“老大难”问题。本次会议就挑了三个问题“试水”。

一是民主测评“不据实”问题。这个问题在学校由来已久。具体原因有的说是前任校长管理太严格,措施太强硬,老师们不适应;有的说是部分老师从其他学校调整到这个学校,但是始终没有融入;有的说是有些人就是不管什么情况都是一律反对,为了反对而反对;有的说这几年情况已经好很多了,打反对票的比原先少多了。不管什么原因,民主测评不理想这个问题依然存在。我感觉这几年自己全心全意、兢兢业业,班子成员也都踏踏实实、勤勤恳恳,学校工作也蒸蒸日上、风清气正,达到历史最好时期,不应该再出现这种情况了。所以,我在会上提出来,通过和巡查结果对比,分析原因,剖析危害,建立双向交流制度等,晓之以理、动之以情,试图解开他们的心结,让他们正确地看待学校,据实评价学校。

二是干部作风“不务实”问题。这个问题也是老问题,难以彻底解决。因为十个指头都不一般齐,人与人之间也存在“三观”差异,要想实现整齐划一非常难。但是守住底线、不越界线、不碰红线,是每一个干部必须做到的。尤其是个别干部身上存在“四风”问题，阻碍学校发展，败坏学校形象，必须重点整治。我出台了干部工作示范制度，提出好干部的六项标准：作风扎实、本领过硬、执行有力、落实有效、廉洁勤政、口碑良好。要求全体党员干部以身作则、率先垂范，带着大家干、干给大家看，真正发挥“关键少数”的关键作用，务实高效地干好工作，当好先锋模范。

三是教研课改“不落实”问题。这个问题很普遍，让老师们搞教学可以，让他们搞教学研究、搞课堂改革，他们就非常抵触。就连集体备课、作业批改、考试分析这样最基础的教研活动，也往往流于形式。我来学校那一年，学校高考成绩创了学校纪录。我来之后，提出把优化管理、优化教学、教师成长作为工作重点。当时没人说什么。几年以后，有人跟我说，当时很多人认为学校的成绩已经很好了，瞎折腾什么。后来更好的成绩证明我是对的，大家才认可。

但是认可归认可，实际行动打折扣的问题依然存在。我也没有期望通过一次会议就改变老师们的想法和做法，但是借着全体会议的机会，跟老师们面对面交流一下这个问题，还是很有必要的。于是，我就说了三点看法、画了一张“大饼”。

三点看法：不学习就没有成长，就没有提高，就做不了好老师；不研究就没有新理念，就没有新课堂，就不能适应新高考；不改革就没有进步，就没有出路，就不能实现高质量发展。

一张“大饼”：我们的目标是打造名校，名校靠名生来支撑，名生靠名师来培养。大家要立志成名师、育名生、建名校。

场景四十七

青春远足，要说凝聚力量展风采的话

场景

2021年4月30日，学校举行“学党史、知党情、感党恩、跟党走”第四届青春远足活动。全体学生徒步穿行洛清河公园、徒骇河湿地公园、北外环和迎宾路等，行程15公里，全体师生展示了良好的精神风貌。活动开始前我作动员讲话。

说话

惠风和畅激扬青春，彩旗飘飞展示风采。今天，我们将要迎接一场挑战——综合高中“学党史、知党情、感党恩、跟党走”第四届青春远足活动。在15公里的远足活动中，同学们将走出学校，走进社会，在社会实践当中增长知识、磨炼意志、体验成长，在全市人民面前展示修养、展现形象、树立风貌。

2021年是中国共产党成立100周年，百年征程波澜壮阔，百年初心历久弥坚。2021年更是我校提档升级、实现内涵发展的关键之年。这次远足活动对我们来说节点特殊，意义非凡，必将令我们终生难忘。全体同学必须坚定信念，克服困难，勇于超越，砥砺奋进，以志在必得的豪情圆满完成这次拉练任务。

同学们，一场旨在磨炼意志的历练教育即将开始，一场旨在培养爱国情怀的思政大课即将到来，一场能够充分展现我校学生精神风貌的重大检阅即将来临。在我们整装出发之前，我代表学校向同学们提出四点要求：

一是坚定理想信念，勇于超越。“不经一番寒彻骨，怎得梅花扑鼻香”“宝剑锋从磨砺出，梅花香自苦寒来”。坚定、自信是走向成功的坚实基础。只有心中有梦想，脚下有行动，意志有坚持，才能取得最后的成功。整个远足过程中，全体同学要坚信“我可以，我能行，我一定行”，为自己加油，为同学鼓劲，携手并肩，昂首阔步，坚决走完全程，到达胜利的终点。

二是发扬长征精神，砥砺奋进。长征是中华民族取得革命胜利的伟大实践，长征精神是实现中华民族伟大复兴的精神支柱。坚持不懈是走向成功的永恒阶梯。远足过程中，同学们要充分学习和发扬长征精神，敢于吃苦，不惧艰难，勇于战斗，做到流血流汗不流泪，掉皮掉肉不掉队，把一切困难踩在脚下。要坚信没有比脚更长的路，没有比人更高的山。要朝气蓬勃地出发，一路高歌地归来，一举夺得这次远足活动的最后胜利。

三是坚决服从指挥，严明纪律。自制自律者强，同心同德者胜。严明纪律是走向成功的有力保障。远足过程中，希望我们这支队伍的每一个人都服从命令，听从指挥，严格按照学校规定的时间、线路、要求活动，不得擅自离开班级、队伍、集体，做到有令则行，有禁则止，行动统一，步调一致，以严明的纪律保证活动的圆满，以整齐的行动展示自律的形象。

四是做好自我保护，确保安全。安全是走向成功的关键支撑。远足过程中,同学们要牢固树立“安全第一”的意识,行动前要作好充分准备,做到有备无患,防患于未然。行动中要采取防护措施,做好自我保护。同学们之间要团结协作,友爱互助。遇到特殊情况,要及时与班主任联系,妥善处置。遇到突发事件,要及时报告,寻求帮助,确保这次行动全程安全、全员安全。

同学们:重走长征路,逐梦励志行。让我们以拼搏和奋进挥洒青春激情,以意志和信念激扬青春风采,以品质和精神树立青春丰碑,以笃志和毅行的最佳表现为党的百年华诞增光添彩!

心 路

远足就是远远地走一段路。有多远? 15公里! 青春远足活动是学校德育系列活动之一,一般在每年“五一”国际劳动节前后举行。

我来学校之后,2019年举办第三届活动,2020年因为疫情停办,今年举办第四届。举办第三届的时候我没有讲话,因为当时面向全体师生讲话很多,就把机会让给了政教副校长。今年恰逢建党百年,是政治大年,上级对思政工作抓得紧、要求严,学校也是提档升级、内涵发展的关键之年,必须时时振奋师生精神,激发发展动力。我就亲自上阵作动员。

由于正在参加党史教育活动,对党的革命史有了更多的了解。对学生来讲,远足就是“长征”。缺衣少粮的红军靠什么走完了二万五千里长征? 缺枪少炮的红军靠什么取得了最后的胜利? 靠的是为国为民的理想信念、不怕牺牲的斗争精神和不屈不挠的顽强意志! 我们学校作为普通高中,也要生存发展,也有名校梦想。我们也正走在逆境图强、追逐梦想的“长征”路上。我们也非常弱小,我们也要靠理想信念、精神意志的力量取得胜利。基于此,我就把讲话主题定为“继承发扬长征精神,走好学校新时代长征路”,激励同学们发扬长征精神,敢于吃苦,不惧艰难,勇于战斗,做到流血流汗不流泪,掉皮掉肉不掉队,把一切困难踩在脚下，夺取远足活动的最后胜利。

简单的启动仪式后，大部队开拔。我带着各位校长走在队伍的最前端，彩旗队紧随其后，三个年级依次排开，老师们跟随班级，交警一路护送。每个班级都制作了独具特色的班旗，有的打出青春励志的标语口号展示雄心，有的播放节奏鲜明、铿锵有力的歌曲来激励斗志。有的市民跟着一起行走，有的志愿者提供暖心服务，有的老师沿路拍发抖音，引发网友一片赞叹。一路旌旗招展，一路欢歌笑语，满脸汗水遮不住开心的笑容，疲惫的双腿挡不住奋进的脚步。经过三个小时的长途跋涉，同学们一个不落地抵达胜利的终点，回到可爱的校园。

最后一个环节是合影留念，好多同学邀请我站到他们中间，分享他们的幸福喜悦，留下难忘的美好瞬间。

场景四十八

又见成人，要说自立自强勇担当的话

场景

2021年5月4日，全体师生齐聚和美楼前青春广场，举行五四成人礼暨新团员入团仪式。高三全体学生和学生家长携手走过成人门，满满的仪式感。在主持人“煽情”的引导下，学生和家长“执手相看泪眼，竟无语凝噎”，我也不失时机地讲了一些“煽情”和励志的话！

说 话

长江后浪推前浪，江山代有才人出。在中国共产党成立100周年即将来临之际，今天我们欢聚在此，隆重举行18岁成人宣誓仪式。我谨代表全体教职员工向以自信、成熟、豪迈的姿态进入成人行列的同学们表示热烈的祝贺！

18岁是人生道路上的重要转折点，它象征着人生历程又掀开了崭新的一页，它意味着同学们已经长大成人。“成人”是一个普通的字眼，却具有非常不普通的意义。从此之后，你要自主自立，不再让饱经风霜的父母操心呵护；从此之后，你要背起行囊，开启“齐家治国平天下”的人生旅程。

在这重要的人生时刻，作为校长，我向大家提几点要求：

第一，要爱党爱国。是伟大的中国共产党带领全国人民抛头颅、洒热血，经过艰苦卓绝的斗争，推翻了“三座大山”，赶走了侵略者，让中国人民站了起来。坚持经济建设，坚持改革开放，让中国人民富了起来。致力于实现中华民族伟大复兴，让中国走进世界舞台中央，让中国人民强了起来。党和国家是我们安身立命最大的依靠，我们知党恩、跟党走，要做一个有家国情怀的合格公民。

第二，要知法守法。法律是社会秩序的安全保障，我们只有知法守法，才能在这个社会自由自在地生活。法律是做人做事的底线，我们只有知法守法，才能与人平等和谐地相处。所以，同学们要熟知法律、敬畏法律、遵守法律、践行法律，做一个有法律素养的合格公民。

第三，要明责担责。踏过这道成人门，就意味着你从此成人，你将对国家、对社会、对人民、对自己肩负起法定的责任，承担起法定的义务，同时也享有法定的权利。“责任”二字重千钧。一个人只有勇于负责，才能担当重任，才能真正成熟。所以，同学们要不忘初心，履职尽责，做一个有担当精神的合格公民。

第四，要自立自强。18岁以前，有作为监护人的父母为你们遮风挡雨，有爱你们的老师在左右搀扶。18岁以后，你们将独自面对学习的考验、工作的考核、社会的考选，将独自面对困难的挑战、挫折的磨砺、人生的艰难。你们没有依靠，没有退路，没有侥幸，只有相信自己，依靠自己，坚持不懈，一往无前，才能到达成功的彼岸。所以，同学们要自立、自强、自重、自爱，做一个有独立思想的合格公民。

第五，要诚信友善。诚信是这个世界的成功法则，也是一个人走向成熟的标志。只有讲信用的国家才能融入世界，只有讲信用的企业才可以做大做强，只有讲信用的人才可以交到朋友，得到帮助，诚信必胜。爱心是一切美德的“酵母”，一切善行的源泉。你学到的知识、练就的能力、积累的财富，都离不开父母、老师、朋友的帮助。因此，假如有一天你成功了，千万别忘记回报自己的父母师友，别忘了回报给你最大依靠的祖国。所以，同学们要做一个具有诚信品格和感恩意识的合格公民。

“鸿鹄高飞，一举千里。羽翼已就，横绝四海。”我相信大家一定不会辜负父母的嘱托、老师的期盼，把握自己、把握未来，在为国为民作出贡献的同时，创建属于自己的美好生活。

生在伟大的祖国，你们的未来必将一片光明！

长在盛世中华，你们的前程必将铺满锦绣！

努力吧，青年！你们的舞台天高海阔！

奋进吧，青年！你们的道路山高水长！

最后，祝同学们成人后一路欢歌，人人成功！

心路

18岁成人，学校举行成人礼。和远足活动一样，成人仪式也是学校德育系列活动之一。一般每年五四青年节，成人礼与新团员入团仪式一起举办，全体师生和高三学生家长参加。我来学校之后，2019年举行过一次，2020年因为疫情没有举办，这是第二次举办。

2019年我没有讲话，把机会让给了政教副校长和团委书记。今年恰逢建党百年，国家对学校思政工作和青少年思想建设和健康成长有了很多新的要求，我觉得很有必要跟孩子们交流交流，于是这次我就亲自披挂上阵了。

上午9点，活动开始。当国歌响起、国旗升起时，全体师生庄严肃立，行注目礼。首先进行的是新团员入团仪式，展团旗、奏团歌，全体新团员面向团旗整齐列队，优秀老团员代表上前为新团员佩戴团徽，然后集体宣誓:“我志愿加入中国共产主义青年团……为共产主义而奋斗。”这一刻,每一名新团员都心潮澎湃,脸上洋溢着激动的笑容。这一刻将融进他们的灵魂,激励他们一生。

接下来是成人礼。广场中间事先竖起一道高大的红色成人门,门正上方两面都写着“成人门”三个大字,两边写着一副对联。上联:谁言寸草心,下联:报得三春晖。成人门下从南到北铺着红色的地毯,显得既庄重又大气。中国共产主义青年团团歌响起,全体高三学生与学生家长手挽手,排队依次走过成人门。然后全体高三学生面向国旗庄严宣誓:“遵守宪法法律,坚守道德准则,履行公民义务,承担公民责任。”学生和学生家长代表发言。《感恩的心》的舒缓音乐响起,在教师代表深情的祝福和殷切的期望声中,全体高三学生面向老师、面向家长行感恩礼,并与家长执手相拥,泪眼蒙眬。这一刻,学生的心与老师、家长的心连在一起,如春风化雨,滋润心田。这一刻,学生真正明白了成人的意义,明白了肩负的责任,心智顿开,思想升华。现场情意交融,气氛达到高潮。

我被安排作压轴讲话。这么庄重的场合,我自然要说严肃的话。我给同学们提了爱党爱国、知法守法、明责担责、自立自强、诚信友善五个要求,希望同学们做有家国情怀、法律素养、担当精神、独立思想、诚信品格和感恩意识的合格公民。这些都符合党所倡导的核心价值观。也许觉得前面说的话有些太严肃了,最后我忍不住把语调调成了“激情”:“生在伟大的祖国,你们的未来必将一片光明!长在盛世中华,你们的前程必将铺满锦绣!努力吧,青年!你们的舞台天高海阔!奋进吧,青年!你们的道路山高水长!”

成人意味着从此之后自主自立,不再让饱经风霜的父母操心呵护;从此之后背起行囊,开启“齐家治国平天下”的人生旅程。

礼成——!

场景四十九

师德建设，要说坚守初心做良师的话

场景

2021年5月14日，根据上级要求，学校组织全体教职工举行师德师风建设大会。师德是教师的第一素质，师风是教师的第一形象。只有师德高尚、作风严谨的教师，才能成为学生的良师。加强师德师风建设，是学校发展的重中之重！

说 话

今天这次会议是根据上级要求召开的，主要任务是认真学习习近平总书记关于教师师德建设的重要论述，全面贯彻落实教育部师德师风建设专题会议精神，安排部署我校师德师风建设工作，赓续师德风范，潜心立德树人，全面推动我校各项工作实现高质量发展。

刚才，我们认真观看了师德师风警示教育宣传片，××副书记传达了教育部《关于在教育系统开展师德师风专题教育的通知》和师德师风专题会议精神，××校长带领我们学习了《新时代中小学教师职业行为十项准则》和《中小学教师职业道德规范》，希望全体教师明确新时代师德师风的新标准、新要求，坚守教育初心，把师德规范内化于心，外化于行，真正落实到日常教育教学和管理服务工作中去。下面，就加强我校师德师风建设工作，我提几点要求：

一、提高政治站位，增强行动自觉

（一）加强师德师风建设是深入贯彻落实上级要求的迫切需要。党的十八大以来，以习近平同志为核心的党中央高度重视教师队伍建设，明确师德建设是教师队伍建设的第一要务，师德师风是评价教师队伍素质的第一标准。2021年3月6日，习近平总书记在看望参加全国政协十三届四次会议的医药卫生界、教育界委员时强调，“要从党和国家事业发展全局的高度，坚守为党育人、为国育才”“办好人民满意的教育，培养德智体美劳全面发展的社会主义建设者和接班人”。习近平总书记的讲话再一次指明了我国教育举什么旗、走什么路、育什么人的根本问题，指明了新时代建设教育强国必须牢牢把握的前进方向。

2019年11月15日，教育部、中央组织部、中央宣传部等七部门印发《关于加强和改进新时代师德师风建设的意见》的通知，明确指出今后5年师德师风建设的目标和要求。今年（2021年）4月30日，教育部又专门下发《关于在教育系统开展师德专题教育的通知》，召开专题会议，明确指出将师德专题教育列入2021年工作要点，贯穿2021年全年，持之以恒地抓好落实。县教体局也召开专门会议进行安排部署。对此，全体教职员工要切实提高政治站位，提高思想认识，准确对标新时代、新形势对教师思想和行为的新要求，弘扬高尚的师德，潜心立德树人，践行好教书育人的神圣使命。

（二）加强师德师风建设是持续提升教师职业素养的迫切需要。学高为师，德高为范。学是师之骨，德为师之魂。孔子曾说：“德之不修，学之不讲，闻义不能徙，不善不能改，是吾忧也。”教师只有具备良好的师德师风,学生才会“亲其师,信其道”,进而“乐其道”。目前,我校的教师队伍师德师风总体是好的,绝大多数老师都能严格遵守教师职业道德规范和职业行为准则,爱岗敬业,严于律己,为人师表,关爱学生,受到学生的尊敬和爱戴,涌现出一大批师德先进典型。但同时,我们也要清醒地看到,从全国范围内看,违背师德师风、造成恶劣影响的事件时有发生。日前,教育部对8起违反教师职业行为十项准则典型问题进行公开曝光。4月10日,教育部专门召开师德师风建设专题会议,重申了对师德违规问题“零容忍”的坚决态度,坚决执行师德师风铁律,把“害群之马”及时清除出教师队伍。希望大家对照规范,自查自纠,做到知准则、有敬畏、守底线,警钟长鸣,时刻秉持自重、自省、自警、自励之心,努力成为“四有”好教师。

(三)加强师德师风建设是持续提升教育教学质量的迫切需要。教师职业道德规范和职业行为准则不仅对教师的思想、道德、言行等作出“底线”规定,而且对教师如何教书育人提出“标线”要求。有良好的师德师风,才会有良好的教风学风,才会形成良好的校风,才能保证教育教学质量不断提升。所以说,师德是前置条件,是学校一切工作良性发展的“起点”。我们必须把师德师风建设作为教师管理的重中之重,放在学校发展的突出位置,通过培养一支具有良好的师德师风的高素质教师队伍来不断提高我校的教育教学质量,不断开创我校发展的新局面。

二、正视存在的问题,认清失德的危害

刚刚我们观看的师德师风警示教育片所反映的问题,前期印发给全体老师的教育部公布的8起违反教师职业行为十项准则典型问题,在我市、我校都不同程度地存在。最近一个时期,就我县、我校而言,主要存在以下十几个方面的问题,我归纳列举一下,大家自我对照。

一是个别教师在课堂上口无遮拦,言论过激,有的甚至罔顾事实,胡说乱说,造成不良影响。

二是个别教师利用职务之便猥亵学生,甚至祸害学生,构成违法犯罪,被判刑期,造成恶劣影响。

三是个别教师参与网络诈骗,非法集资,构成违法犯罪,被依法查处。

四是个别教师酒后驾驶,参与赌博,被治安处罚。

五是个别教师诱导学生进行有偿家教,或到培训机构参加有偿补课,收取不正当利益。

六是个别教师体罚或变相体罚学生,歧视、侮辱学生,给学生造成身体和心理伤害。

七是个别教师和班主任收受学生家长送的现金、礼品、购物卡,或接受学生家长宴请等,对学生进行所谓的“照顾”,或对学生违纪问题擅自进行宽大处理,造成其他学生和学生家长不满。

八是个别教师与教师之间发生不正当关系,违反社会公德、家庭道德,违背伦理,败坏风气,损害学校声誉。

九是个别教师对教师职业的认识不深刻,职业认同感不强,把自己等同于普通群众,或者自我要求偏低,师表意识淡薄,或过分计较个人得失,看不到工作的价值。

十是个别教师敬业精神不强,工作作风浮躁,工作方法简单粗暴,造成工作协调不畅,顾此失彼。

十一是个别教师学习意识不强,成长动力不足,满足于现状,裹足不前,不能及时、深入地学习新的教育思想、教育理念、教育方法,不能适应新课程教学需要。

上述是近一个时期在我县发生的一些问题,其中一些问题在我校也存在。这些问题就像一颗颗毒瘤,危害着教育形象、学校形象、教师形象,不仅造成了恶劣的社会影响,而且严重阻碍了教育发展、学校发展,严重损害了教师队伍的整体形象,必须认真、彻底解决。

三、牢记育人使命,争当师德典范

目前,我校面临新的形势和挑战,今年中考招生,无论是上级不允许跨区域招生的政策,还是我校的招生政策,均有重大调整,优质生源人数将会有一些变化。同时,面对重点高中和民办高中的双向挤压,学校的发展空间也日趋紧张。如何使我校教育教学工作迈上新台阶,如何加速创建现代优质高中,如何在这种新形势下做一名让学生满意、让家长放心的教师,如何使我校各项管理更加规范有序,如何加快学校内涵发展,等等,都是我们必须面对和解决的迫在眉睫的问题。所有这些都需要一支具有高尚的师德师风、高超的素质能力的优秀教师队伍来支撑。因此,全体同志都要站在事关学校生死存亡的新高度来看待师德师风建设工作。只有这样,我校的各项工作才能顺利推进,才能形成新的更加牢固的合力。大家要做到“五要”:

一要厉行师德规范,遵守法律法规。遵法守法是一个社会人的底线,在遵法守法的基础上遵规守纪,是作为一名教师的底线。遵法守法,就要严格遵守《中华人民共和国宪法》《中华人民共和国教育法》《中华人民共和国教师法》等法律法规;遵规守纪,就要严格遵守《中小学教师职业道德规范》和《新时代中小学教师职业行为十项准则》,以及《中共中央国务院关于全面深化新时代教师队伍建设改革的意见》《关于加强和改进新时代师德师风建设的意见》等规范文件,自觉依法执教。

二要注重自我修养,实施灵魂塑造。“桃李不言,下自成蹊。”师德师风建设要求教师注重自我学习、自我修炼、自我约束、自我调控,做到老,学到老。习近平总书记指出:“教师要时刻铭记教书育人的使命,甘当人梯,甘当铺路石,以人格魅力引导学生心灵,以学术造诣开启学生的智慧之门。”教育并非简单的知识传递,而是教师人格魅力的延续。一名优秀的教师,不仅仅把课堂当作传承知识的场所,更会把课堂当作师生交流思想感情、碰撞智慧火花的“磁场”。冰心说过:“有了爱,就有了一切。”教师的人格之光对学生心灵的烛照深刻且久远。只有不断调节自我、充实自我、完善自我,做一名充满人格魅力的教师,才能把教育教学艺术引领到更高的台阶,展示出更加迷人的师者风采。

三要锻炼高超的本领，争当学生的偶像。学高为师，名师出高徒，让学生崇拜是教师最大的魅力。随着新课程、新课标、新高考的推行，教师没有两把“刷子”，根本无法适应新的教学需要。因此，作为新时代的教师，只有不断学习，不断思考，不断提升自身素养和能力，不断打磨自己的教学专长和教学风格，不断创造一个又一个教学成绩的新纪录，才能胜任教学，才能站稳三尺讲台。只有道德高尚、业务精湛、本领超高、能力超强，才能成为学生崇拜的偶像，才能让学生信服你、追随你，按照你的指导去完成学业，健康成长，成人成才。

四要积极参与教改，积累成长的财富。近年来，学校立足提档升级、跨越发展，实施了一系列教学改革措施，比如“自律、励志”学生思政教育新路径，“五点五步”创新高效课堂，“1＋12”学科突破引领内涵提升课题研究三年行动计划等。这些既是学校发展的创新举措，也是教师发展的有效平台。老师们要积极参与这些改革，在改革创新中，一方面创造骄人的工作业绩，为学校发展贡献力量；另一方面积累自己成长进步的资本，为自己评优评模、职称评定、干部选任、成名成家等奠定雄厚的基础。这样不至于“书到用时方恨少”，职称到评时少证件，影响自己的进步，耽误自己的发展。到了关键时刻缺少关键要件，着急也没用，后悔更没用，请大家好好想想，好自为之。

五要践行办学理念，提高文化品位。创建现代优质高中，不是做做样子，不是亮亮牌子，关键是寻找并确立我校的发展理念和方向定位。综合高中1992年迁入县城至今，已经30年。这些年通过一代代干部、教师的不懈努力，学校由小变大、由弱变强，逐步发展到现在，取得了一系列办学成果，形成了自己的办学特色，成为禹城市高中教育的重要一极。在这个历史发展过程中，学校形成了独具特色的发展精神：坚持不懈、永不言败、逆境图强、追求卓越；形成了符合实际的发展追求：自强不息、厚德载物、志存高远、脚踏实地。这些都是浸润在师生血液中的精神文化基因，是学校发展的宝贵的精神财富，我们必须传承好、发展好、弘扬好。

但是随着教育发展形势的变化，人才培养要求的更新，学校发展阶段的更迭，我们必须与时俱进，不断更新发展理念，提高办学目标，调整教学策略，确定发展思路，明确发展要求，叫响发展口号，积聚发展力量。这些精神文化内容都集中体现在独具特色的“一训三风”上。

我们的校训是：忠以致和，诚以达美；

我们的校风是：顺境求新，逆境图强；

我们的教风是：教成导正，敦品厚学；

我们的学风是：守正自律，励志日新。

我们已经形成较为完整的学校发展文化的框架，其实这些老师们都已经做到了，或者正在做着，只是没有进行系统的总结和提炼，没有上升到理论和文化高度，自己觉察不到而已。但是，老师们是文化人，不能让人觉得咱们没文化。我们作为综合高中的老师，应该有自己的文化特质、文化特色，应该表现出自己的文化标志、文化品位。希望老师们把我们学校独具特色的发展文化认真学一学，深刻领会领会，并结合自己的思想、工作、生活实际认真加以践行。当有人问到你的时候，你能够脱口而出，这会让你表现得与众不同！

四、坚持严管厚爱，严格正风肃纪

根据教育部《关于在教育系统开展师德专题教育的通知》，按照“制定方案系统学、党员干部带头学、结合活动重点学、引导学生一起学”总体要求，我们将把师德师风建设作为“党史学习教育”学习整改的重点内容，坚持对教师严管就是厚爱，厚爱必须严管，真抓严管、严惩重罚的原则，进一步健全和完善师德考核评价机制，将师德师风作为教师评价的首要内容。对于师德师风表现突出的教师，予以大力表彰，让兢兢业业、踏踏实实干工作的教师有舞台、有地位、有尊严；对于师德考核不合格的教师，实行“一票否决制”，取消职称评聘和一切评先树优资格；对于出现师德失范、作风不良的行为的教师，坚决严厉打击，绝不手软，坚持零容忍，顶格处理。教师师德违纪行为对学校及社会造成不良影响和后果的，学校将严惩不贷，绝不姑息。对于构成违法犯罪的，交由司法部门依法严惩。全体党员干部要“打铁必须自身硬”，以身作则，率先垂范，当标兵、作表率。全体教职员工要常修从教之德，常思贪欲之害，常怀律己之心，要慎独慎初慎微慎友，千万不要存侥幸心理，真正追求标线、守好底线、不碰高压线，保证自己的工作安全、家庭安全、个人安全，保持良好的师德师风形象。

老师们：作为综合高中的教师，我希望每一位老师都要爱惜这份职业，严格要求自己，不断完善自己，以追求卓越的动力、淡泊名利的定力、辛勤耕耘的耐力，努力做推进学校发展的“孺子牛、拓荒牛、老黄牛”，自觉承担起传播知识、传播思想、传播真理，塑造灵魂、塑造生命、塑造新人的时代重任，共同谱写综合高中“十四五”跨越发展的新篇章！

心路

打个不恰当的比喻，老师在学校里的位置和作用就像一根有自主意识的“针管”，既要“吸入”，又要“注入”，还能“自主”。

“吸入”什么？为了给学生“一杯水”，原先老师吸入“一桶水”就够了，现在可能需要“一缸水”甚至“一江水”“一海水”。为了满足国家发展、社会进步、家庭幸福的需要，为了学生成长，为了实现家长的愿望，为了满足领导的要求，老师的素养标准被无限拔高，需要“吸入”的东西越来越多。

“注入”什么？从教学内容看，原先只有“双基”（基本知识、基本能力），后来增加到“三维”（知识、能力和情感态度价值观），再后来是“四养”（必备知识、关键能力、健全的人格、社会责任），现在是“全覆盖”（对学生本人以及涉及学生的一切都负责）。从服务对象看，由学生本人拓展到学生家长、家庭、社区，直至社会各行各业、各单位、各部门、各团体等，老师的责任和义务被无限扩大，需要“注入”的东西越来越多。

当“吸入”和“注入”超过人难以承受的程度时,就会触发人的自我保护机制,这时候“自主”就开始显现。我想“吸入”就“吸入”,不想“吸入”就不“吸入”,实在不行就挑着“吸入”;我想“注入”就“注入”,不想“注入”就不“注入”,实在不行就挑着“注入”。在“自主”的指挥下,“出工”和“出力”两个“核桃”被老师们玩得收放自如。而决定老师如何“自主”的唯一“按钮”就是师德,老百姓叫它良心。人们常说,当老师是个良心活儿,其实就是说的师德,足见师德建设的极端重要性。

决定师德高低的因素非常复杂,衡量师德高低的标准不好把握,加强师德建设更是很不容易。这是每个校长都要面对的一道难题。如何破解?

其实校长手里有“一手牌”可打,打好打不好全看校长的本事。总结一下,校长手中的“牌”主要有五张:

一张是“提手”,即通过开展师德专题讲座、师德案例教学等,不断提升教师的思想境界。

一张是“抓手”,即通过制定教师师德管理制度,认真落实制度管理,不断规范教师言行。

一张是“推手”,即通过打造教师发展平台,提供学习培训和展示交流的机会,引导和推动教师专业成长。

一张是“拿手”,即通过实施教师德能勤绩考核,落实师德表现奖惩制度,激励和鞭策教师严守职业道德规范。

一张是“后手”,即通过创建幸福校园,让教师切实体验到学校的关心关爱,激发干事创业的热情。

以上“一手牌”都是“看得见的手”,还有“看不见的手”可出,更有“杀伤力”。具体有“三张牌”可打:

第一张牌:理念先导,即通过先进的办学理念奠定学校管理的底层逻辑,进行管理架构的顶层设计,高屋建瓴,占领“道德”制高点,以此统一全体师生的思想认识,促进言行自省。

第二张牌:价值引领,即通过建立契合学校核心利益和发展大局的价值原则体系,并倡树先进典型,引领全体师生的价值取向,占据言行批判的主导地位,促进言行自律。

第三张牌:文化浸润,即通过提炼既符合学校办学理念和价值体系,又体现学校历史传承和精神风貌的文化特质,形成独具特色的校训、校风,营造浓厚的文化氛围,以此浸润师生的身心,打上强烈、鲜明的形象烙印,促进言行自觉。

为师当修师德,师德养于平时。师德建设是一个复杂的系统工程,涉及国家、社会、学校、家庭等方方面面,但最终要落到个人身上。尽管校长有很多手牌可以打,但这都是外因。外因要通过内因才能起作用。孔子曰:为仁由己。如果教师本人不注重修养师德,就很难成为一名好老师。

这里还涉及把好入口关的问题。目前的教师招聘工作虽然有政审环节,但是考察内容多是有无违纪违法行为。法纪是做人的底线,一名合格的教师仅仅遵纪守法不够,还应该具备爱教育、爱学生的道德特质,应该是严格遵守职业道德、社会公德、家庭美德、个人私德的道德模范!

场景五十

又见毕业，要说弄潮时代壮人生的话

场景

2021年7月14日，学校在体育中心举行2021届高三学生毕业典礼，全体师生和高三学生家长参加。这是我第三次参加毕业典礼，也是我来到学校之后送出的第一届毕业生，因而对这次典礼的感受更加不同，讲话也带上了更深的感情。

说 话

2018年9月1日，我们隆重举行了2018级新生军训结业暨开学典礼。同学们排着整齐的队伍，迈着矫健的步伐，喊着响亮的口号，意气风发，光彩照人！

记得在当年的开学典礼上，我对同学们说了三句话：

第一句话：你们选择了综合高中，就选择了多条成才的道路、多种成功的方式。我承诺同学们：只要付出足够的努力，学校会铺设适合每一位同学成长的道路，保证大家考上理想的大学。

第二句话：高中是人生的转折点，大家要规划好自己的未来，选择好自己的人生道路。希望同学们能够独立面对社会、面对未来、面对人生的各种挑战，拥有幸福的人生。

第三句话：同学们要珍惜美好的时光，不负大好青春，立志成人成才，做新时代的弄潮儿。希望同学们在高中三年不断锤炼自己、升华自己、成就自己，能够以一份优异的成绩考入理想的大学，以一份成熟的心智面对社会和未来。

三年后的今天，老师兑现了自己的责任，用大爱无疆的智慧汗水，为同学们建起茁壮成长的“梦工厂”；学校兑现了自己的承诺，用多元办学的成功实践，为同学们架起成人成才的“立交桥”；同学们也兑现了自己的誓言，用摘星夺魁的耀眼成绩，向父母、向老师、向学校交出了一份优秀的答卷！

同学们，你们都是好样的，我为你们骄傲，为你们自豪！

今天，我们欢聚在此，师生抒怀叙旧，难舍难分；明天，你我天各一方，任你天高海阔，展翅翱翔！

分别之际，作为校长，我跟同学们说几句心里话，希望在以后的日子里，能够伴随你们穿山越岭、风雨兼程。

第一，认真听党话，坚决跟党走。中国共产党带领全国人民抛头颅、洒热血，经过艰苦卓绝的斗争，推翻了“三座大山”，赶走了侵略者，让中国人民站了起来。坚定中国特色社会主义道路自信，坚持经济建设、改革开放，让中国人民富了起来。致力于实现中华民族伟大复兴，让中国走进世界舞台中央，让中国人民强了起来。党是我们最大的依靠，我们要知党恩、听党话、跟党走，立大志、明大德、成大才，成为担当民族复兴重任的时代新人。

第二，真心爱祖国，不当卖国贼。外面的世界疫情肆虐、民怨沸腾，盛世的中华风调雨顺、安居乐业。我们的祖国奉行人民至上、生命至上，用实实在在的行动保护着每一个中国人。海内外的华夏儿女，从没有像今天这样感到祖国的可爱、祖国的强大。祖国给了我们尊严,给了我们幸福,给了我们安康,我们要真心热爱祖国,努力建设祖国,坚决维护祖国,让中华民族永远傲然屹立,永远繁荣富强!

第三,时时遵校训,壮人生底色。我们重新总结的校训是“忠以致和,诚以达美”。其核心含义就是:用忠诚品质作为自己的精神内核,用“和美”理念作为自己的行动指南,以忠打基础、作支撑,以和求进步、谋发展,以诚开新路、求合作,以美育情怀、壮人生。以忠诚和美的德行打好人生底色,保证行稳致远。

第四,事事循校风,树事业丰碑。我们重新总结的校风是“顺境求新,逆境图强”。其核心含义就是:当人生处于顺境时要居安思危,不断创新,这样才能保持事业不断进步,不断发展;当人生处于逆境时要永不言败,发奋图强,这样才能保证事业实现超越,重回巅峰。顺境不创新,就会不进则退;逆境不图强,就会永难出头。所以,同学们要遵循校风原则,百折不挠地前进,树立事业丰碑。

第五,一生践学风,立时代潮头。我们重新总结的学风是“守正自律,励志日新”。守正就是要恪守学习之道、做人之道、处世之道,践行符合时代要求的理想价值追求。自律就是要时刻认识自我、约束自我、矫正自我,保持正确合理的人生发展方向。励志就是要不断磨砺志向、磨炼意志、励精图治,保持积极向上的人生发展状态。日新就是要做到时时自新、日日有成、天天进步,保持奋进超越的人生发展表现。只要能够做到“守正自律,励志日新”这八个字,同学们一定会成为人生强者,永立时代潮头。

回首过往,我们脚步铿锵,峥嵘岁月堪自豪;展望未来,我们壮志在胸,征途漫漫唯奋斗!希望同学们通过高中三年的熔炼,能够具备“石榴籽”一样的向心力、“草原狼”一样的组织力、“钱塘潮”一样的冲击力、“筑巢鸟”一样的创造力、“风滚草”一样的生命力,未来能够战胜一个又一个困难,冲上一个又一个巅峰,创造一个又一个传奇。明天的你,必将星光闪耀!明天的学校,也必将星光满天!

让我们共同期待，共同奋斗，共同开创美好的未来！

心路

对学校来说，这次毕业典礼意义重大。因为这是学校在新办学理念指导下规范办学的第一届毕业生，是学校调整发展思路转型升级之后的第一届毕业生，也是学校经历风雨波折重新奋起之后的第一届毕业生。

对我来说，这个毕业典礼也意义非凡。因为这是我担任校长之后送出的第一个完整轮次的毕业生，是进“校”赶考证明自己能够胜任这份职务的一届毕业生，也是承继过往、定鼎现在、奠基未来的一届毕业生。

这届毕业生到底怎么样？学校目前的发展怎么样？

先说说高考的亮点：

亮点一：出了“省状元”。今年春考取得大丰收，不仅升本人数创历史最高纪录，而且涌现出一批尖子生，总分600分以上的有38人，全省前100名的有8人，全省前200名的有13人，全省前300名的有22人。其中郑晓芊同学以668分夺得全省医药专业第一名！

亮点二：坐稳“领头羊”。我校属于德州市普通高中（不是重点高中）。今年高考本科上线人数和上线率继续稳居德州市普通高中第一名，各项数据均超过市级重点高中的最后一名！

亮点三：充当“逆袭者”。因为受到办学基础的限制、重点高中的压制和民办高中的牵制，2018级这一届生源质量较之往年明显下降。全县中考前800名（重本生源）仅录取19人，高考重点本科上线73人；全县中考前1800名（普本生源）仅录取200人，高考普本上线404人；全县中考前2500名仅录取666人，本科上线总量达869人，全部实现了完美的“逆增长”！

亮点四：架起“立交桥”。根据生源实际，坚定地实施因材施教、分层教学、差异发展、适性扬才办学策略,创办普通文理班、艺体特长班、中职专业班,努力为学生开辟适合自己的成长道路。2021年高考普通本科上线404人,艺体上线226人,春考上线239人,形成“三足鼎立”的发展局面,真正为学生架起成人成才的“立交桥”!

亮点五:赢得“好口碑”。2021年高考成绩公布之后,我校赢得了全县上上下下一致好评!一位县级领导给出一句评价:普通高中不普通!老师们走在街上抬头挺胸,倍感自豪!

再说说办学的成果:

成果一:党建有品牌。我校着力打造了“党徽熠熠,和美共生”党建品牌,被评为德州市中小学“一校一品”党建品牌示范校、德州市先进基层党组织、禹城市先进党支部。

成果二:发展有规划。2021年4月16日召开九届四次教师代表大会,审议通过《禹城市综合高中2021～2025年发展规划框架》,提出创建现代优质特色高中的发展目标,确定实施党建品牌、管理规范、教学质量、内涵发展、队伍素养、思政德育、校园和谐等七大提升工程。学校未来的发展有了“路线图”。

成果三:管理有章法。完善规章制度60多项,实行党总支领导、教代会规划、校委会决策、调度会督查、现场会落实,创造日查、日报、日改,工作周报,年级管理“六个一”等管理方式,做到制度全覆盖、决策全流程、机制全封闭、督查全链条、反馈全方位,全面提升管理效能。

成果四:教学有模式。课前落实集体备课,探索说课式集体备课;课中落实以学为主,探索“五点五步”高效课堂;课后落实分层作业、周清、月考,探索微点清零矫正补缺,力求让教学质量成为教学过程优化的自然结果。

成果五:教研有路径。落实常规教研,把教学研究贯穿教学常规工作的全过程,推进“教”与“研”一体化;落实课题教研,实施“1+12”学科突破引领内涵提升课题研究三年行动计划,促进学科均衡提升,打造学科核心竞争力。

成果六:政教有主题。以"自律、励志"教育为主题,将思政课、德育课、心理健康课、人生规划课、综合实践课等糅合在一起,探索开发适合学生身心发展阶段需求的成长课程,构建全新的育人模式。

成果七:服务有温度。实施法治校园、数字校园、书香校园、健康校园、和谐校园建设,为师生送平安、送智慧、送成长、送健康、送温暖,不断提高师生幸福指数,着力营造风清气正、和美共生的校园生态。

成果八:干部有先锋。面对急难险重的任务,党员干部冲锋在前,带着大家干、干给大家看,涌现出一大批优秀党员。

成果九:教师有模范。全体教师安心从教,潜心育人,创造了不平凡的教学成绩和工作业绩,涌现出一大批先进典型。

成果十:学生有标兵。全体学生专心学习,一心向学,在不同的考场上摘金夺银,涌现出一大批学习标兵。

成果十一:合作有基地。积极开展小语种教学,积极尝试中外合作办学,为学生开辟更多的成长路径,先后有山东农业大学、山东医科大学等多所大学把我校列为优秀生源基地。

成果十二:文化有框架。九届四次教师代表大会审议通过了《禹城市综合高中发展文化建设框架》,汇集了2018年以来通过实践探索提炼的学校发展理念、精神、追求、目标、策略、思路、要求、口号、力量以及"一训三风"等,提高了学校文化治理水平。

有了这些亮点和成果,我讲话就很有底气,对学生提出的要求也掷地有声:认真听党话,坚决跟党走;真心爱祖国,不当卖国贼;时时遵校训,壮人生底色;事事循校风,树事业丰碑;一生践学风,立时代潮头!

这些话与师生共勉,未来我们一起翻山越岭、风雨兼程!

附录　禹城市综合高中“一训三风”

校训:忠以致和,诚以达美

忠以致和:永远保持忠于国家、忠于组织、忠于事业的道德品性,永远秉持和衷共济、和而不同、和谐共生的处事原则。以忠打基础、作支撑,以和求进步、谋发展。

诚以达美:始终追求诚以求知、诚以待人、诚以做事的道德境界,始终追求各美其美、美人之美、美美与共的精神品位。以诚开新路、求合作,以美育情怀、壮人生。

校风:顺境求新,逆境图强

顺境求新:处于顺境的时候要居安思危,不断创新,保持进步,否则不进则退。

逆境图强:处于逆境的时候要永不言败,奋发图强,追求超越,否则永难出头。

教风:教成导正,敦品厚学

教成:教育学生成人、成才、成长、成功。

导正:引导学生正德、正念、正知、正行。

敦品:敦实人品,即教师要敦实自己做为人师的品德、品格、品性、品位,堪为师表;同时教导学生敦实为人处世的品德、品格、品性、品位,堪当新人。

厚学:积厚学养,即教师积厚自己教书育人的素养、修养、识养、能养,堪为人师;同时教导学生积厚进步发展的素养、修养、识养、能养,堪当大任。

学风：守正自律，励志日新

守正：恪守学习之道、做人之道、处世之道，践行符合时代要求的理想价值追求。

自律：时刻认识自我、约束自我、矫正自我，保持正确合理的人生发展方向。

励志：不断磨砺志向、磨炼意志、励精图治，保持积极向上的人生发展状态。

日新：做到时时自新、日日有成、天天进步，保持奋进超越的人生发展表现。